Margit Beneš-Oeller

Duftpflanzen für naturnahe Gärten

Inhalt

Vorwort

Was ist das für ein Duft?! Wo der »Atem des Himmels« zu spüren ist, machen sich Gartenfreunde auf die Suche. Oft ist das Ausmachen von Duftquellen für Spürnasen eine echte Herausforderung, und dann eine echte Überraschung. Obwohl unsere Nasen ein sehr auffälliges Organ sind, wird ihre Bedeutung häufig unterschätzt. Was sie leisten, mag vielleicht wenig vordergründig sein, leben wir doch zumeist in einer »Sehwelt«. Wohlgerüche und Unangenehmes liegen nah beisammen und unterliegen einer persönlichen Bewertung. Viele Dinge, die einem wichtig sind, sind mit angenehmen Düften verbunden. Wir gehen mit unserer Nase um, wie man es uns vererbt und beigebracht hat, und doch erfahren wir immer wieder etwas Neues. Nicht alle Einzelheiten der Geruchswelt zu kennen, ist kein Fehler. Denn damit bleiben die Düfte, die uns im Garten begegnen, stets von einer gewissen Faszination behaftet. Die Fähigkeit, Gerüche und Düfte wahrzunehmen und mit ihnen umgehen zu können, ist ein unermesslich kostbares Geschenk der Natur. Ich hoffe auf viele neugierige Nasen. Dieses Buch lädt Sie ein zu einer Entdeckungsreise in den Naturgarten.

Margit Beneš-Oeller
März 2007

Ohne Duft kein Garten

Wenn man sich dazu entschließen würde, könnte man sich fast allen Sinneseindrücken entziehen. Man könnte die Augen schließen, sich in die Stille zurückziehen, Berührungen vermeiden und alles rundherum vergessen. Eines kann man jedoch nicht: aufhören zu atmen und damit auch zu riechen. Es ist für uns lebensnotwendig, möglichst rasch zu erfassen, ob etwas in der Luft liegt oder dicke Luft herrscht, ob etwas zum Himmel stinkt oder die Luft rein ist. Auch im Naturgarten ist es gut zu wissen, woher der Wind weht.

Einfach der Nase nach!

Ein Tag ohne Dufterlebnisse ist ein verlorener Tag ...

... so lautet ein altägyptischer Spruch. Der Duft nach Pinienharz weckt Assoziationen mit dem Urlaub am Mittelmeer, Ringelblumenduft ruft Erinnerungen an einen kindlichen Blumenstrauß ins Gedächtnis. Frisches Brot oder Veilchenseife mit einem Hauch Mottenkugeln (eine Nase voll Luft aus Omas Wäscheschrank), frisch gemähtes Gras, eine Fliederbrise oder ein warmer, dampfender Tag nach dem Mairegen: Viele Düfte ergreifen uns im positiven Sinn, sind beruhigend, anregend oder erfrischend. Sie machen wunschlos glücklich und lassen angenehme Erlebnisse wieder auferstehen. Manchmal wirken sie aber auch aufdringlich, stoßen ab oder erinnern gar an Unangenehmes. Was für den einen unwiderstehlich ist, ist für den anderen schon zuviel des Guten.

DUFTERLEBNISSE ❧ bleiben ein Leben lang. »Niemals wird man einen Geruch intensiver empfinden als am Anfang des Lebens«, findet auch der bekannte französische Parfumdesigner Serge Lutens. Sinnliche Naturerfahrung ist ein wichtiger Punkt auf dem Weg zum Erwachsenwerden. Wer in seiner Kindheit keine Düfte erleben darf, ist nicht nur um eine Erfahrung ärmer. Er wurde auch um eine wichtige Anregung des Limbischen Systems gebracht, dem ältesten, für Gefühle zuständigen Teil des Gehirns. Wie ein Kind auf Entdeckungsreise, so kann man sich im Garten fühlen, wenn man nur die Sinne wieder für kleine Sensationen öffnet.

DUFTENDE GARTENRÄUME ❧ Wo immer es im Garten abgeschirmte Bereiche gibt, sammelt sich Duft und es entstehen lauschige Aufenthaltsorte. Gerade an Wärme speichernden, Wind geschützten Mauern und Hecken können sich die Düfte gut entwickeln und verflüchtigen sich nicht zu schnell. In der Rosen- oder Geißblattlaube wird der Nachmittagskaffe erst zum richtigen Genuss und aus dem Halbschatten weht vanilleartiger Mädesüß-Duft herüber. Im sonnigen Kräutergarten hingegen verströmen zitroniger Diptam und Lavendel angenehm inspirierende Buketts.

ERLEBNISWELT GARTEN ❧ Die Vielfalt der Pflanzen mit ihren Formen und Farben ist grenzenlos. Das Bild, das der Garten vermittelt, beschränkt sich nicht auf drei Dimensionen. Schon mit ein paar Pflanzen kann das grüne Reich um eine weitere Dimension ergänzt werden: um die der Düfte und Aromen. In eine Gestaltung, die Geborgenheit vermittelt, lässt man sich entspannt fallen. Gärten machen dadurch frei und Stressgeplagte finden an solchen Orten leicht zu sich selbst. Schon die alten Perser nannten schöne Gärten »peiradeza«, das Paradies. Was wäre dieses Paradies ohne Düfte?

Spürnasen

Der sensibelste unserer Sinne, der olfaktorische Sinn sitzt in einem auffälligen Teil mitten in unserem Gesicht. Viele unserer Erinnerungen verdanken wir unserer feinen Nase. Für jeden Geruch – von Ahorn bis Zitrone – sind sensible Zellen der Nasenschleimhaut zuständig, nur sie erkennen den jeweils spezifischen Duft. Mit etwa 30 Millionen Riechzellen ist unsere Nase ein hoch spezialisiertes »Hightechorgan« mit enormer Leistungsfähigigkeit. Erstaunlich, dass unsere Nase feiner als die Finger arbeitet, sensibler als das Ohr ist und differenzierter wahrnimmt als das Auge. Der Geruchssinn, meinen Geruchsforscher, kann nicht hoch genug bewertet werden, denn er ist nicht nur der höchst entwickelte, sondern auch der ursprünglichste unserer Sinne.

Bei Aromapflanzen kann man den Duft auch schmecken: unsere Küchenkräuter gehören in diese Gruppe.

Düfte und Aromen

Düfte gehen weit über das hinaus, was Auge sehen und Hände fühlen können. Mit duftenden Blüten und Blättern entführen uns Natur und Garten in eine neue Welt.

DUFTPFLANZEN Gerüche der angenehmen Art sind die eigentlichen Düfte. Sie werden von Pflanzen durch ätherische Öle, Balsame, Harze und andere aromawirksame Stoffe freigesetzt. Zu den Duftpflanzen zählen insbesondere alle Flechten, Sommerblumen, Stauden und Gehölze, die selbstständig über Blätter, Stängel, Früchte, Samen, Wurzeln, Nadeln, Hölzer oder Harze einen Wohlgeruch für uns Menschen ausströmen.

AROMAPFLANZEN Während Düfte über den Geruchssinn wahrgenommen werden, ist beim Aroma auch der Geschmackssinn beteiligt. Aromapflanzen, das sind jene, deren Geruch sich erst entwickelt, wenn Blattorgane, Rinden, Zweige oder Wurzeln zerbrochen und zerrieben werden und dadurch die Inhaltstoffe frei werden. Viele aromatische Stoffe werden auch erst beim Kauen und durch die Wärme der Mundhöhle freigesetzt und tragen über die Rachen-Nasen-Verbindung zur Geschmacksempfindung bei. All unsere Küchenkräuter zählen zu dieser Gruppe.

KONTAKTDUFTER Im Vorübergehen mit Duft belohnt werden wir von sogenannten Kontaktduftern oder Blattduftern, die man am Wegesrand streift. Sie geben ihre Duftstoffe erst durch Berührung frei. So kommt neben dem Sehen, Riechen und Schmecken dann auch der Tastsinn zum Einsatz.

Basilikum, das seine Duftstoffe bei Berührung freisetzt, schmeichelt unserer Nase im Vorübergehen.

Der Schlüssel zum Duft

Bei Düften verschlägt es uns die Sprache. Bis heute fehlt eine allgemein gültige Einteilung. Ob etwas duftet oder stinkt unterliegt einer zutiefst persönlichen Beurteilung. Kann man Düfte da objektiv beurteilen?

Ordnungsversuche

Der schwedische Botaniker Carl von Linné hatte 1756 erstmalig versucht mit Geruchsklassen Ordnung in die Pflanzendüfte zu bringen. Im Geruchsprisma des Pflanzenphysiologen Hans Henning (1924) verbinden sich blumige, ätherische oder fruchtige, würzige, harzige, brenzlige und faulige Geruchsqualitäten.

Die heutige Wissenschaft hingegen unterteilt Düfte nach chemischen strukturell verwandten Gruppen, wie Aldehyd-, Alkohohl-, Carbonsäure-, Ester-, Ether-, Glycosid-, Keton- und Kohlenwasserstoffverbindungen (Terpene). Schon ein Rosenduft besteht aus etwa 500 Einzelkomponenten. Das macht deutlich, dass es über die Lebensaufgabe eines Chemikers hinausgeht, Düfte ihren chemischen Anteilen gemäß zu systematisieren.

DUFTFAMILIEN werden deshalb mit Hilfe von sogenannten Leitpflanzen zusammengefasst. So finden sich beispielsweise Nelkenaromen nicht nur bei den Gartennelken, sondern auch bei Levkojen und dem Duft-Schneeball. Eine einfache, wie komplexe Weise Düfte zu ordnen, ist der Parfüm-Duftkreis von Jean Pütz. Pflanzliche und tierische Duftstoffe werden hier anhand ihrer Inhaltstoffe Duftfamilien zugeordnet. Für dieses Buch habe ich versucht, diesen Duftkreis auf die Gartenpflanzen zu übertragen. Die bunten Punkte helfen Ihnen die verschiedenen Duftfamilien im Buch aufzuspüren.

Duftfamilien-Kreis in Anlehnung an Jean Pütz

Warum Pflanzen duften

Düfte und Aromen sind evolutionäre Verführungstricks der Natur. Sie dienen der Anlockung, der Erregung von Aufmerksamkeit, aber auch der Verteidigung. Dementsprechend unterschiedlich werden sie von der Pflanze produziert, gelagert und freigesetzt. Um die Bestäubung zu sichern, versuchen viele Blütenpflanzen durch die Produktion ätherischer Öle Insekten anzulocken. Diese werden aber auch produziert, um bestimmte Pflanzenteile gegen Trockenheit und Hitze zu schützen.

Farbe und Duft

Farben spielen bei der Bestäubung und dem Sichern von Nachkommen eine wichtige Rolle: Sie ziehen Insekten oder auch Vögel in ihren Bann, die damit für ein Fortkommen sorgen. Oft duften Pflanzen mit starken Farben weniger stark. Sie setzen ganz auf Chlorophyll, das lebenswichtige Blattgrün, das hier in Farbe umgewandelt wurde. Viele stark duftende Blüten weisen hingegen sanfte Pastelltöne auf. Hier wurde das Chlorophyll in verschiedenste ausgeklügelte Duftstoffe umgewandelt, auf die Insekten fliegen.

Dufte Verteidigung

Dass sich eine Rose mit ihren Stacheln ganz gut verteidigen kann, das hat wohl jeder Pflanzenliebhaber schon zu spüren bekommen. Weil Pflanzen keine Flucht möglich ist, helfen raffinierte Strategien, sich gegen Feinde oder Schädlinge zu verteidigen. Der Duftstoff Cumarin rettet einige Gräser vor zu starkem Verbiss. Viele Aromapflanzen schützen sich ähnlich. Dennoch finden sich im Tierreich immer wieder Spezialisten, die doch an ihnen fressen, wie etwa Schwalbenschwanzraupen an Dill, Kümmel und Weinraute. Das Gift, mit dem der Kohl seine Fraßfeinde abschreckt, kann den Raupen der Kohlweißlinge nichts tun: Durch ein kompliziertes Eiweiß, das ihr Darm bereithält, wird es in ungiftige, verwertbare Stoffe umgewandelt. In diesen Fällen braucht die Pflanze eine andere Verteidigungsstrategie.

Vertrauen auf Bodyguards

Fraßfeinde, wie hungrige kleine Raupen, gibt es überall. Um den Schaden zu begrenzen, haben viele Pflanzen ganz spezielle Abwehrstoffe entwickelt. Sie sondern über die Blattöffnungen duftende Terpenoide ab, die Raubinsekten anlocken, sobald das Pflanzenblatt angeknabbert wird. Viele Pflanzen warten nicht erst, bis jemand sich in sie verbeißt, sondern produzieren an völlig gesunden Stellen Stoffe, die Wespen oder Libellen rufen. Durch diesen Warnduft, eine gasförmige Jasmonsäure, werden auch weiter entfernte Pflanzen alarmiert, die so ebenfalls rechtzeitig tierische Helfer anlocken können, ehe die Schädlinge eintreffen. Ihr Motto lautet also: »Der Feind meines Feindes ist mein Freund«.

Geschichte schnuppern

Vom duftenden Rauch zum Parfüm

Die Welt war bereits mit Düften erfüllt, bevor der Mensch sie betrat. Seit jeher übte die faszinierende Welt der Düfte eine magische Anziehungskraft auf uns Menschen aus und beeinflusst unser tägliches Leben.

Die Geschichte der Düfte beginnt mit duftenden Feueropfern in Form aromatischer Gummiharze und Hölzer. Für manche liegt der Ursprung der Parfumkunst in Mesopotamien, für andere in Arabien (»Parfum« lateinisch: »per« – durch; »fumum« – Rauch). Wohlriechende Pflanzenteile wurden in den Tempeln des alten Ägypten zu Salb- und Duftölen veredelt. Harz bei Sonnenaufgang, Myrrhe zu Mittag, und eine aus sechzehn Zutaten bestehende Mischung namens Kyphi bei Sonnenuntergang trugen die Gebete zum Sonnengott. Als Erfinder jenes Bädersystems, das Griechen und Römer von ihnen übernahmen, waren die Ägypter im Konsum von Düften unersättlich.

Engelwurz *(Angelica archangelica)* war im Mittelalter hoch begehrt.

Die Griechen übernahmen die Vorliebe für schwere Parfümöle, wobei sie jedem Gott eine persönliche Duftnote vorbehielten. Im Wandel der Zeit dienten die Duftöle aber schließlich auch dem Menschen zur Aromatherapie und für Bäder. Die Thermen der Römer sind bis heute bekannt. Wer es sich leisten konnte, badete im antiken Rom in parfümiertem Wasser und die Parfümverwendung nahm bisher ungekannte Ausmaße an.

TAUSEND UND EINE NACHT Über Jahrhunderte versorgte Arabien die Welt mit aromatischen Essenzen und Blüten wie Weihrauch, Myrrhe, Jasmin, Rose und vielen mehr. Avicenna, ein arabischer Arzt des 10. Jahrhunderts, soll die Kunst der Destillation erfunden haben, die eine Parfümherstellung im großen Stil erlaubte. Intensive Düfte wie etwa Moschus sollten sogar im Mörtel von Palästen und Moscheen für lange Zeit Wohlgerüche hervorrufen.

Mit dem arabischen Einfluss sickerte im Mittelalter auch dessen Duftwelt nach Europa. Der Handel mit Parfüm und Gewürzen nahm zu und verlief auf den gleichen Wegen wie der Seidenhandel. Bis heute gibt es in Indien mit Sandelholz, Myrrhe, Zinnober, Rosen, Springkraut, Aloe und Moschus eine traditionsreiche Parfümkunst. In China waren manche Düfte so beliebt, dass Sandelholzwälder und Moschustiere in Gefahr gerieten auszusterben.

Pesthauch

Handelsschiffe brachten von ihren Fahrten nach Fernost aber auch eine schlimme Plage in mitteleuropäische Hafenstädte: die Pest. Durch Schnabelmasken gefüllt mit »wolriechender Specerey« und Engelwurz (gekaut oder als Pulver auf die Kleidung gestreut) hofften die Ärzte während der Pestepidemien, sich vor der Ansteckung zu schützen.

Von Italien nach Frankreich Da die Italiener die Kunst der Destillation perfektionierten, entstand hier eine Fülle neuer »Duftwässer«, die nicht nur der Parfümierung dienten. Was Europa an Luxusgütern brauchte, musste den Weg über Italien nehmen und machte es zum reichsten Land Europas. Aus Italien soll Katharina von Medici im 16. Jahrhundert nicht nur die feine Küche, sondern auch die moderne Parfümkunst nach Frankreich gebracht haben. Die provencalischen Kräuter rund um die Ortschaft Grasse lieferten der Lederverarbeitung Gerb-, Farb- und Duftstoffe. Nicht nur Handschuhe wurden als besonderer Luxus parfümiert, sondern auch Fächer, Papier, Kleidung, Schuhe und sogar Möbel.

Revolutionäre Düfte Gärten waren im Frankreich des 17. und 18. Jahrhunderts einigen wenigen vorbehalten. Jeder, der sich über ein Stück Land freuen konnte, baute dort Nahrung an. Dieser Fleck Erde entschied oft über Leben und Tod. In den Schlössern Ludwig XIV. hingegen sorgten ständig verbrannte Kräuter und Buketts für luxuriöse Wohlgerüche. In einer Zeit, in der Wasser als krankheitsfördernd galt, sollten Wolken schwerer tierischer Düfte, die man in Flakons bei sich trug, sowie parfümierte Kleidung die Luft verbessern.

Zur Zeit Ludwigs XV. kam das erste Kölnischwasser in den Handel. Während der Französischen Revolution hingegen galt Parfüm als dekadent. Später wurden die schweren Düfte von leichten Zitrusdüften, Lavendel und Veilchen, dem Lieblingsduft Napoleons, abgelöst. Parfüm kam in Mode, der Aufstieg von Grasse begann, und Frankreich wurde zum Mittelpunkt der Parfümindustrie.

Der zarte Duft des Veilchens bildet die Basis vieler Parfüms und anderer feiner Dinge.

Duft für viele Bis zur Industrialisierung blieb bis auf die Verfeinerung der Verfahren alles beim Alten. Erst neue Produktionswege öffneten breiteren Schichten den Weg zu Parfüms mit einer immer größeren Duftskala. Mit der kommerziellen Manufaktur von Parfüms und Düften und dem Aufkommen neuer oft nicht mehr duftender Pflanzensorten, verschwanden viele wohlriechende Pflanzenschätze mehr und mehr aus den Gärten. Gut, dass es heute wieder eine Rückbesinnung auf die ganzheitliche Bedeutung von Pflanzen gibt, und dazu zählt ganz wesentlich auch ihr Duft.

Duftende Begleiter durch das Gartenjahr

Das Genießen mit allen Sinnen steht in Aroma-, Kräuter- oder Duftgärten im Vordergrund. Heute dürfen und sollen Blüten überall ihre Wohlgerüche entfalten. Düfte laden zum Wohlfühlen ein und samtige Blätter warten auf Berührungen. Eine der schönsten Erfahrungen, die uns ein Garten geben kann, ist es, hier die Zeit zu vergessen. Und dennoch: Gerade im Garten, der Ihnen täglich neue sinnliche Erlebnisse bietet, werden Sie die Jahreszeiten intensiver erleben als bisher.

interzauber

Jänner, der nach dem zweigesichtigen, römischen Gott Janus benannte Monat lädt zu Rückschau wie Vorschau ein. Er soll Startpunkt für einen Streifzug durch das Reich der Duftpflanzen sein, das auch in dieser ungastlichen Zeit so manche Überraschung bereit hält.

Düfte von der Fensterbank

Während der Garten winterlich trübe wirkt, tragen sie als willkommenes Mittel gegen den »Winter-Blues« zur angenehmen Wohnatmosphäre bei: vorgetriebene leuchtende Zwiebelblumen. Keine frühen Zwiebelblüher erfüllen den Wunsch nach betörendem, lange währendem Duft so wie Hyazinthen. Um mitten im Winter zu blühen, brauchen sie bis Dezember Dunkelheit und trockene Kälte. Bei etwa 8 °C warten sie auf einem Stück Holz platziert auf ihren Auftritt. Damit die Blüten in den Töpfen dann nicht zwischen den Blättern stecken bleiben, ist genügend feuchte Erde gefragt. Zeigen sich die erste Wurzeln bzw. die Knospen, wird es Zeit für ein wärmeres Dasein.

Gut behütet Auch in Gläsern sollten die in die Wärme gebrachten Zwiebel dunkel stehen, was durch aufgesetzte, Papiertüten leicht

Formschöne Gläser

Auch in erdloser Kultur liefern Hyazinthen ein spätwinterliches Schauspiel. Zwiebeln haben so viel Kraft, dass sie auch ganz ohne Erde auskommen. Auf jeden Fall benötigen sie aber Wasser mit einem Stück Kohle. Die Suche nach formschönen Hyazinthen-Gläsern weckt manche Sammlerleidenschaft. Die so gezogenen Hyazinthen-, Amaryllis- oder Krokuszwiebel sollten etwa einen Zentimeter von der Wasseroberfläche entfernt liegen, um nicht zu faulen. Ergänzen Sie nur die fehlenden Tropfen!

erreicht wird. Erst wenn die Knospen die Höhe der Blattspitzen erreichen, entfernen Sie die Tüten, falls die Pflanzen es nicht selbst tun. Besonders zwischen Fensterflügeln finden sie ideale Bedingungen für ein langes, duftendes Leben. Übrigens: Einmal abgeblüht regenerieren sich die Pflanzen in der Erde und erleben so ein Jahr später ihren zweiten Frühling.

WILDE NARZISSEN symbolisieren seit ewigen Zeiten den wiederkehrenden Frühling und die Lebenskräfte der Natur. Wenn Sie langstängelige Jonquillen *(Narcissus jonquilla)* ab Mitte Jänner blühen sehen möchten, dürfen diese vorher nicht zu warm (ca. 17 °C) gelagert werden. Ab September werden sie auf 9 °C heruntergekühlt. Sollen Sie zu Weihnachten blühen, pflanzen Sie sie dicht in magerer Komposterde oder in Sand, etwa in Obststeigen. Bis zur Blüte im Gewächshaus oder Frühbeet dauert es bis zu 30 Tage.

Winterliche Dufter

Besonders verbunden fühlen wir uns jenen Blüten, die mitten im Winter aus dem Schlaf erwachen – vor allem dann, wenn die Frühlingsverkünder zarten Duft mitbringen. Um sie oft genießen zu können, gebührt ihnen ein prominenter Platz nah am Haus.

ZAUBERHAFTE GÄSTE Will man an Zauberei glauben, dann bei den eigenwillig geformten Blüten der laubabwerfenden Zaubernuss (*Hamamelis × intermedia/mollis*). Vor allem die gelb blühenden Sorten bereichern kalte Wintertage mit süßem Vanilleduft. Sie lieben sonnige bis halbschattige, tiefgründige, leicht saure Standorte.

Duftschneebälle in zartem Blassrosa erinnern an Marzipan, wie *Viburnum bodnantense* 'Dawn', oder Vanille und Nüsse, wie *Viburnum farreri.*

Die blassgelbe Winterblüte *(Chimonanthus praecox)* erscheint oft im Jänner noch vor den Blättern und bringt starke Frühlingsdüfte in das junge Jahr. Der zierliche Strauch ist anspruchslos bezüglich des Bodens, will aber einen sonnigen, geschützten Standort.

Auch die Scheinhasel *(Corylopsis pauciflora)* bringt mit gelben Blütentrauben und Primelduft Abwechslung in den winterlichen Garten. Die blumigsten Winterdüfte aber, die Veilchen ähneln, erzeugt die unscheinbare Winterheckenkirsche (*Lonicera × purpusii* und *L. fragrans*). Sie ist mitten im Winter mit ihrem an Maiglöckchen erinnernden Duft eine Entdeckung wert.

An geschützten Gartenplätzen, auch im Wurzelbereich von Bäumen, bringt die immergrüne Schmuckblatt-Mahonie (*Mahonia × media* 'Winter Sun') ihre nach Honig duftenden gelben Blüten in dichten Trauben zur Wirkung. Sie wird bis zwei Meter hoch. Weil durch sie ganzjährig Chlorophyll pulsiert, sollte sie einen Reisigschutz gegen die Wintersonne bekommen, um nicht der Frosttrocknis zum Opfer zu fallen.

Stillt als eine der ersten den winterlichen Durst nach Duft: die Winterheckenkirsche.

HEIMISCHE KOSTBARKEITEN Steigt Ihnen der Duft des giftigen, aber unverzichtbaren Seidelbastes *(Daphne mezereum)* in die Nase, lenkt er Ihre Blicke auf zarte purpurrosa Blüten, die auch die heimische Insektenwelt entzücken. Der langsam wachsende Kleinstrauch mag Schatten.

Ein beeindruckender heimischer Großstrauch hingegen ist der pflegeleichte Dirndlstrauch *(Cornus mas)*. Er übertrifft mit seinen goldgelben, süßlich duftenden Blütensternen jede allgegenwärtige Forsythie.

So duftet der Frühling

Während andere Pflanzen langsam zu neuem Leben zu erwachen, sorgen Zwiebelgewächse für Farbe und Düfte. Das Schneeglöckchen und der gelbe Winterling verraten schon mit ihrem Namen, dass sie früh der Kälte trotzen. Auch die Krokusse zeigen eine frühe Blüte mit feinem Duft. Sie alle läuten den Frühling ein, um bald wieder zu verschwinden. Am besten werden sie deshalb so platziert, dass ihre absterbenden Blätter später von Bodendeckern und Sommerblühern verdeckt werden.

Frühlingserwachen!

Immer der Nase nach, heißt es schon bald. Endlich werden die Tage wärmer, heller, bunter und duftiger! Wenn der Frühling am 20. März feierlich begrüßt wird, beginnt für viele Gartenmenschen die schönste Jahreszeit überhaupt. Ein Garten hat jetzt viel zu bieten! Das finden nicht nur die Bienen, die nun eifrig von Blüte zu Blüte fliegen. Vielleicht können sie es duftmäßig mit den Sommerblühern nicht aufnehmen, doch ihre Duftnoten entzücken uns über alle Maßen: Als bunte Farbtupfer blühen Hyazinthen, Narzissen, Traubenhyazinthen und Frühlingsknotenblumen. In Schalen auf dem Balkon oder vor dem Hauseingang verströmen sie pure Frühlingslust! Auch mit duftender Akelei, Gänseblümchen und Steinkraut kommt der Garten jetzt rasch in Schwung.

Besonders Tulpen (*Tulipa* sp.) zeichnen sich durch ein enormes Farbspektrum und eine große Artenvielfalt aus. Einige beeindrucken auch durch ihren Duft (siehe Tabelle nächste Seite).

Geliebte Primel Zu den Klassikern der Frühlingsboten zählt die Primel *(Primula vulgaris).* Nach ihrem Topfpflanzen-Leben fühlt sie sich an hellen Standorten, nicht aber in direkter Sonne wohl. *P. veris,* die Schlüsselblume, trägt das Sonnenlicht schon in sich. Mit honigartigem Duft wächst sie auf mageren ungedüngten Wiesen und an Weges- und Waldrändern. Dort sollten die geschützten Blumen auch stehen bleiben.

Gartenaurikeln *(P. auricula)* haben es nicht nur Sammlern angetan. Im Garten wachsen sie in jedem nicht zu trockenen, kalkigen, lockeren Boden. Weil sie aus der Erde herauswachsen und alle zwei bis drei Jahre wieder tiefer gepflanzt werden müssen, ist ihre Pflege nicht ganz leicht. Im Sommer dürfen sie nicht zuviel Sonne und Wasser abbekommen. »Schauaurikeln« dürfen ihre bemehlten Blüten nur an regengeschützten Plätzen zeigen.

TIPP **Gartenaurikeln werden im Sommer am besten gleich mit ihren Töpfen in die Erde versenkt. Überwintern können Sie die Töpfe dicht an dicht in einem großen Korb mit Laub.**

Duftende Tulpen

Tulipa	Blühfarbe	Höhe	Pflanztiefe	für Kübelkultur geeignet	zum Treiben geeignet
'Abba'	rot	30 cm	15 cm	ja	ja
'Ad Rem'	orangerot	60 cm	8 cm	nein	nein
'Angelique'	rosa, gefüllt	50 cm	15 cm	nein	nein
'Arma'	rot, gefranste Blütenblätter	35 cm	15 cm	ja	ja
'Ballerina'	orange, lilienblütig	55 cm	15 cm	nein	nein
'Christmas Marvel'	rosa-rot	35 cm	15 cm	ja	ja
'Couleur Cardinal'	dunkelrot	35 cm	15 cm	ja	ja
'Monsella'	gelb, rot geflammt	30 cm	15 cm	ja	ja
'Monte Carlo'	gelb, gefüllt	30 cm	15 cm	ja	ja
'Prinzessin Irene'	orange, rot geflammt	35 cm	15 cm	ja	ja
'Rococo'	rote Papagei Tulpe	50 cm	15 cm	nein	nein
'Verona'	weiß, gefüllt	40 cm	15 cm	ja	nein
'Viking'	rot	30 cm	15 cm	ja	ja

Gartenaurikeln sind nicht ganz pflegeleicht, überzeugen aber durch Farbvielfalt und sanften Duft.

Mythische Narzisse Für eine weitere Frühlingsschönheit ist laut griechischer Mythologie Narzissos namensgebend. Der schöne Sohn des Flussgottes und einer Nymphe verliebte sich in sein Spiegelbild und verzehrte sich darin, bis er in eine Narzisse verwandelt wurde. Realisten leiten den Namen vom altgriechischen »narkan« (= betäubt werden) ab. Und die Jonquille oder die weißen Sterne der heimischen Dichternarzisse sorgen tatsächlich für überwältigende Düfte. Sie ist unter anderem Anlass für das einzigartige Narzissenfest im Steirischen Ausseerland. Nicht zu überriechen sind auch weiße *N. poeticus* 'Actaea', die gefüllte 'Cheerfulness' und 'Thalia', sowie gelbe *N. canaliculatus* und 'Hawerea'.

Himmlische Düfte »Einen Tag schön» heißt Hemerocallis wörtlich übersetzt. Viele der anspruchslosen, feuchtigkeitsliebenden Taglilien halten ihre Blüten dafür aber im Halbschatten abwechselnd den ganzen Sommer bereit. Die Gelbe Taglilie *(H. flava)* und die Zitronen-Taglilie *(H. citrina)* verdienen intensives Schnuppern über dem grasartigen Laub.

Sonniger mögen es viele Pfingstrosenarten mit intensivem Duft, besonders die weißen Stauden, aber auch Strauchpäonien *(Paeonia suffruticosa rockii)* mit dunklem Basalfleck.

Klassische Bauerngartenblumen sind auch die sortenreichen Phloxe, die 5–140 cm hoch werden. Der Hohe Phlox *(P. paniculata)* ist ein wichtiger Abenddufter. Gesunde Arten finden Sie in alten Bauerngärten in ihrer Umgebung, die Stammmutter in niederschlagsreichen Waldgebieten Nordamerikas. Niedrige Phlox-Arten eignen sich vor allem für Steingärten. Der Teppichphlox *(Phlox subulata)* etwa, bildet flache Polster aus zahllosen Blüten. Diese bedecken Gartenböden, Steinfugen und senkrechte Wände und verströmen dosierte Wohlgerüche an ungewöhnlichen Standorten.

Auch der Goldlack *(Cheiranthus cheiri)* mag nährstoff- und stickstoffreiche Sonnenstandorte an Mauern. Dann zeigt er sich zwischen Mai und Juni in warmen Gelbtönen. Für manche duftet er nach Rosen, für andere nach Veilchen, wie der Zweitname Gelbveigel verrät. Er sollte als Frühlingsaspekt in keinem Garten fehlen.

Erdbeeren (z. B. die rosa Sorte 'Pink Panda') gedeihen fast an jedem Standort.

Fruchtige Düfte

Für einen klassischen Obstgarten bleibt heute kaum noch Zeit. Dabei möchten viele Gartenfreunde ohne viel Arbeit Fruchtiges naschen oder zumindest schnuppern.

FRUCHTDUFT IN BODENNÄHE Walderdbeeren sind wohl die bezauberndsten bodennahen Dufter und stellen nur wenige Ansprüche an den Standort. Zusammen mit Bärlauch oder Waldmeister schützen sie den Boden vor Austrocknung und unliebsamen Beikräutern. Auch in Pflanzgefäßen kommen sie gut zurecht. Große Töpfe, von denen aus sich Ausläufer in kleinere Töpfchen abseilen, sehen nett aus. Orangenbäumchen, Stachelbeeren und andere zaubern ebenfalls fruchtig duftende Erlebnisse auf die Terrasse. Voraussetzung für den Ernteerfolg sind hier jedoch entsprechend große und tiefe Töpfe.

FRUCHTIGE BLÜTENDÜFTE Aber auch Blüten selbst tragen fruchtig-süße Duftaspekte. Das Maiglöckchen *(Convallaria majalis)* etwa war schon immer besonders beliebt. Seinem betörenden, sanft erogenen Odeur kann sich in warmen Frühlingsnächten niemand entziehen. An feuchteren, halbschattigen Plätzen fühlt es sich wohl und breitet sich zu dichten grünen Teppichen aus, in denen pünktlich im Mai duftende Glöckchen läuten. In freier Natur kann das geschützte Maiglöckchen kaum noch neue Standorte erobern.

Gleichzeitig mit den Maiglöckchen erscheinen auch die himmelblauen Großen Traubenhyazinthen *(Muscari racemosum)*. Ihr Duft ähnelt dem fruchtigen Honig-Moschus-Odeur des Sommerflieders *(Buddleia davidii)*. Nicht bekannt ist, ob sich die Bezeichnung »Muscari« auf den türkischen Namen für Zwiebel oder auf das griechische »moschos«, und damit auf den Moschus-Duft einiger Arten bezieht.

Auch das Pfennigkraut *(Lysimachia nummularium)* trägt fruchtige Nuancen in sich, ebenso wie manche Magnolien und Rosen oder die Königslilie *(Lilium regale)*.

WIE FRUCHTGUMMI In den Sommermonaten riecht die einjährige Gummibärchenblume *(Cephalophora aromatica)* unheimlich fruchtig. In Chile soll der anspruchslose 30 cm hohe gelb blühende Korbblütler zum Färben von Wolle benutzt werden. Die runden Blütenknöpfe und die Blätter duften beim Zerreiben traumhaft nach Gummibärchen.

OBSTGEHÖLZE Doch als wahre Königinnen halten die malerischen Kronen zahlloser Obstbäume duftige Erlebnisse in Weiß bis Rosa bereit. Apfel-, Birnen- und Kirschbäume sind nicht nur eine anziehende Frühlingsattraktion für uns Menschen, sondern auch für unzählige Insekten, ohne die die köstlichen Früchte ausbleiben würden.

Besonders Zierquitte, Dirndl, Felsenbirne, Holunder, Kiwi, Mispel, und viele mehr erfreuen uns mit schönen, zart duftenden Blüten. Sie halten eine Fülle an Duftnuancen für unsere Nasen bereit. Bevor sie ihre Gartenschätze zur Ernte freigeben, sind Mandel-, Pfirsich- und Quittenbäume ebenfalls eine Entdeckung wert.

Die aus Chile stammende Gummibärchenblume riecht intensiv nach Fruchtgummi.

Kräuter mit Obstaroma

BLATTDUFTENDE GERANIEN, die kühl und hell im Haus überwintern, eignen sich mit fruchtigen Aromen zum Aromatisieren von Süßspeisen und Kuchen. Da gibt es Apfelduft *(Pelargonium odoratissimum)* mit kleinen grünen Blättern und weißen Blüten oder Pfirsichduft (*P. crispum* 'Peach Cream') mit weißpanaschierten Blättern. Cola findet sich in den großen, samtigen Blättern von *P.* × *capitatum*, aber auch im feinen Laub von Cola-Wermut (*Artemisia abrotanum* var.'Maritima').

FRUCHTIGE MINZEN Tropisch anmutende Ananasminze *(Mentha suaveolens)* und Bananenminze (*M. arvensis* 'Banana') gehören zu den vielen fruchtbetonten Minzen. Die Apfelminze *(M. rotundifolia* 'Bowles'), duftet am stärksten nach Apfel. Weniger wüchsig bleibt die Panaschierte Apfelminze (*M. suaveolens* 'Variegata') mit dekorativem, grün-weißem Laub.

VIELFÄLTIGER SALBEI Auch Salbeiarten gibt es in einer kaum überschaubaren Artenvielfalt. Ob Duft, Farbe oder Form, sie erfüllen jeden Wunsch: feuerrot, blitzblau, schwarzviolett oder in Pastelltönen, kräftig grün, bunt panaschiert oder graugrün, samtig oder wollig. Dazu liefern viele Sorten fruchtige Aromen von Ananas bis Pfirsich. Hoch hinaus wollen der frostempfindliche Ananassalbei *(Salvia rutilans)* mit seinen roten Herbstblüten oder der Fruchtsalbei *(Salvia dorisiana)* mit großen, behaarten Blättern. Mit 60 cm halb so klein bleibt der orangefärbige Pfirsich-Salbei *(Salvia greggii)*, der sich aber nicht zum Verzehr eignet.

Himmlische Gehölze

Wenn Ihnen das Warten angesichts länger und heller werdender Tage immer schwerer fällt und Sie die Sehnsucht nach Natur unweigerlich nach draußen zieht, muss der Frühling einfach kommen! Die Füße wollen schließlich barfuss sein.

Einen ersten duftenden Hauch aus der Strächer-Ecke sendet uns der Elfenbeinginster *(Cytisus praecox)*. Der Sonnenanbeter zeigt seine blumig duftenden, gelb leuchtenden Blüten zwischen April und Juni und fühlt sich in lehmig-sandiger Gartenerde besonders wohl. Er sollte nur sparsam gegossen und gedüngt werden. Vorsicht, denn der attraktive Strauch zählt zu den Giftpflanzen.

Der Duft des Flieders ist Doping für die wintermüde Seele!

FLIEDER (*SYRINGA* SPP.), das ist Frühling pur. Er ist im Garten einfach unersetzbar. Wer lässt sich nicht von ihm bezaubern? Seine Blütenpracht betört uns nicht nur fliederfarben und lila, sondern auch weiß und primelgelb. Im Frühling tut ihm eine Düngung mit Kompost gut und nach der Blüte müssen Sie dicht wachsende Sträucher etwas auslichten. Seinem Drang in die Breite können Sie mit Wurzelsperren entgegenwirken oder auf Kulturformen ausweichen. Flieder lässt sich aber ebenso auf Hochstamm formieren. Auch spät blühenden Sorten lieben sonnige Plätze und bereichern das Leben selbst in den grünen Lungen der Großstadt.

Olfaktorisch interessant ist der nicht verwandte, honig-duftende Sommerflieder *(Buddleia davidii)* für uns Menschen, aber auch für Unmengen an Schmetterlingen.

OHNE JASMINDUFT würde dem Sommer etwas fehlen. Seit Ende des 16. Jahrhunderts verzaubern die stark süßlich-jasminartig duftenden, weißen Blüten des winterharten Pfeifenstrauchs *(Philadelphus coronarius)* immer wieder aufs Neue. Die auch »Falscher Jasmin« genannte Pflanze akzeptiert alle Böden und Plätze von Sonne bis Halbschatten. Ihr starker Wuchs macht sie für Naturhecken beliebt. Im Februar ausgelichtete alte Triebe rufen ein Blütenmeer hervor. Der robuste Zierstrauch braucht außer Platz, keine besondere Pflege und konnte so in Bauerngärten bis heute überleben. Seine klein bleibenden Sorten passen in jeden Garten, eine der attraktivsten ist 'Belle Etoile' mit fransigen Blütenrändern. Gefüllte Blüten bieten 'Schneesturm' und die alte französischen Sorte 'Manteau d'Hermine', die außergewöhnlich nach Orangenblüten duftet.

Der Pfeifenstrauch duftet süßlich-jasminartig.

TIPP **Stark nach Orangen duftet auch *Staphylea colchica,* die Schwarzmeer-Pimpernuss, sie bevorzugt aber feuchtere Böden.**

Sommerlicher Blütenball

Im Sommer erreichen pflanzliche Dufterlebnisse im Garten ihren Höhepunkt. Unzählige große und kleine, bunte oder unscheinbare Pflanzen verströmen zu allen Tageszeiten ihr berückendes Aroma und fesseln uns immer wieder aufs Neue.

Rosiger Duftrausch

Eine Rose ist eine Rose ist eine Rose…! Damit geben sich Rosenliebhaber bei dem vielfältigen Erscheinungsbild dieser wundervollen Pflanze nicht zufrieden. Erst recht nicht, wenn Sie an deren unzähligen Duftnuancen denken, ohne die ein Garten kaum vorstellbar ist: schwer oder blumig, frisch oder fruchtig nach Himbeeren oder Zitronen – für jeden gibt es die richtige Duftnote. Die Rose, die als Symbol der Liebe, der Schönheit und Jugend gilt, wird von einem besonderen Zauber umgeben. Die große Pflanzen-Familie weist hunderte Arten auf, die in vielen Ländern und auch bei uns heimisch sind. Kultursorten aber, denen wir einen Platz in unserem Garten gönnen, brauchen entsprechende Pflege.

GEBURT EINER KÖNIGIN Im Orient gebürtig, stand die Rose bereits bei den Griechen und Römern für Liebe, Schönheit, Vollkommenheit und Glück. Letztere trieben ungeheuren Luxus mit ihr, ließen sie sogar aus Asien kommen. Zu uns gelangten die edlen Rosen erst mit den Kreuzzügen aus Syrien. Damaszener Rosen finden Sie heute noch in der Türkei, Bulgarien und Rumänien in großen Plantagen.

Centifolien hingegen stammen aus dem östlichen Kaukasus und Persien, von wo aus sie die Römer verbreiteten. Erst 1322 schafften sie es nach England. Der Duft der »Hundertblättrigen«, wie sie aufgrund ihrer unzähligen Blütenblätter genannt werden, soll in der Parfümindustrie der feinste und wirkungsvollste sein.

Seit Jahrtausenden ist die Rose Symbol von Liebe und Vollkommenheit.

Die indische Rose kam gar erst gegen Anfang des 18. Jahrhunderts. in Europa an. Sie wurde die Stammmutter duftender Bourbon-, Noisette- und Teerosen. Rosenliebhabern war das noch lange nicht genug und bis heute entstehen unzählige Sorten. Was aber ist die »Königin der Blumen« ohne ihre betörenden, vielschichtigen Düfte?

Duft- und Heilrosen Ätherische Öle sind in Blütenblättern gespeichert, daher duften gefüllte Rosen oft stärker als einfach blühende Sorten. Da ihre Staubgefässe und ihr Nektar jedoch nicht so leicht erreichbar sind, wie jene der einfachen Blüten, locken sie auch weniger Insekten und damit weniger Nützlinge in den Garten.

Eine wilde Schönheit mit hellrot bis dunkelpurpurnen Blüten und eine der Stammformen der heutigen, europäischen Gartenrosen ist die Essigrose *(Rosa gallica)*. Die Apotheker-Rose (*R. g.* 'Officinalis') verwöhnt uns mit ihren halbgefüllten Blüten und süß-fruchtigem, unverwechselbaren Duft. Schon im 13. Jahrhundert wurden ihre Blütenblätter in großem Stil geerntet und für Heilzwecke verwendet. Auch heute wird sie als Basis für entzündungshemmende und »zusammenziehende« Salben für rissige oder entzündete Haut genutzt. Aus den duftenden Blütenblättern lassen sich aber auch köstliche Süßigkeiten und pikante Kreationen herstellen: Rosenkonfitüre, Rosenzucker, Rosenessig, Rosenöl, Rosentee, Rosengelee, Rosenwasser oder Rosenbutter.

R. g. versicolor (R. Mundi) eine der ältesten Rosen des Abendlandes mit schwerem Duft, soll bereits um 1583 entstanden sein. Bei kleinem Wuchs weist sie große, rosa-weiß gemaserte, herrlich duftende Blüten auf.

Der Duft der Moosrose hingegen verbindet sich aufs Feinste mit den »moosartigen« balsamisch-würzigen Duftnoten der Blütenstiele und Knospen.

Sorgenkinder? Alle Rosen haben eines gemeinsam: Als Sonnenkinder bevorzugen sie sonnige bis halbschattige, luftige, weder zu nasse noch zu heiße Standorte. Alles was Sie über Rosen im naturnahen Garten wissen wollen, finden Sie im gleichnamigen Buch dieser Reihe. Wem duftende historische Rosen und Wildrosen zu selten blühen, für den gibt es bewährte Englische Rosen. Ihre schönen Blüten zeigen bis in den Oktober die Kreuzungen historischer und moderner Rosen mit intensiven und variantenreichen Düften, etwa Moschus, Zitrone und Myrrhe.

TIPP **Beim ausgiebigen Dufttourismus durch lebende Rosenlexika, den Rosarien und Gärten, finden Sie sicher Ihren Lieblingsduft!**

Die Apotheker-Rose (*Rosa gallica* 'Officinali') liefert Blütenblätter für medizinische Zwecke.

Empfehlenswerte Duftrosen

Englische Rosen	Deutscher Name	Blütenfarbe	Duft	Höhe (in cm)	Entstehung
'Evelyn' = 'Apricot Parfait'	–	apricot/gelb mit etwas rosa	kräftiger, köstlicher Duft	100–200	1991
'Gertrude Jekyll'	–	leuchtend rosa, gefüllt	intensiv, vermutlich schönster Duft aller Englischen Rosen	150–180	1986
'Graham Thomas'	–	dottergelb, gefüllt	Bestnote	150	1983
'Heritage'	–	rosa, gefüllt	Zitronenduft	100	1984
Wildrosen und Abkömmlinge					
Rosa alba 'Maidens Blush'/ 'Sophie von Bayern'/ 'Petite cuisse de Nymphe'	»Weiße Rose«	blassrosa, beim Verblühen weiß	lieblicher süßer Duft	150	aus dem 15. Jhdt.
Rosa alba 'Suaveolens'/ 'Weiße Rose von York'	»Weiße Rose«	weiß, halbgefüllt, längliche Hagebutten	herrlicher Rosenduft	200	aus dem 15. Jhdt.
Rosa canina 'Kiese'	Hundsrose	rot, einfach, überreich, rote runde Hagebutten	milder Duft	200	1910
Rosa gallica 'Versicolor'/ 'Variegata'/'Mundi'	Apothekerrose	hellrosa, rot gestreift	starker Duft	120	vor 1310 in Kultur
Rosa moschata 'Ballerina'	Moschatarose	Blütenbüschel aus einfachen hellrosa Blüten	Moschusduft	100	1937
Rosa pimpinellifolia 'Frühlingsduft'	Bibernell-Rose	rosa mit gelber Mitte	sehr starker Duft	150	1949
Rosa rubiginosa	Apfelrose, Schottische Zaunrose	rosa mit weißer Mitte, einfach	Intensiver Apfelduft der Blätter	250	Ende 19. Jhdt.
Rosa rugosa 'Agnes'	Kartoffelrose	gelb, öfter blühend	Starker Zitronenduft	150	1922
Rosa rugosa 'Blanc Double De Coubert'	Kartoffelrose	weiß, halbgefüllt, öfter blühend	stark würziger Duft, auch Abenddufter	150	1892
Rosa rugosa 'Conrad Ferdinand Meyer'	Kartoffelrose	silbrigrosa, halbgefüllt, öfter blühend	starker schwerer Rosenduft, auch Abenddufter	250	1899

Wundertüte Samensackerl

Viele Gärtner setzen ihr volles Vertrauen in ein- und zweijährige Duftpflanzen – und das nicht zu unrecht: als Samen in Lücken eingestreut, helfen sie diese rasch zu schließen. Zum Einsatz bereit stehen kraftvolle Sommerblumen, die sich ob ihrer reichen Blüte, den lebhaften Farben und verlockenden Düften einen wahren Wettstreit im Staudenbeet liefern.

Die meisten Einjährigen werden im Frühjahr in die Beete ausgesät und dünn mit Erde bedeckt. Ihre Pflege bleibt auf das Freihalten der Keimlinge, Gießen und gelegentliches oberflächliches Lockern des Bodens beschränkt.

Einjährige Sonnenblumen und zweijährige Ringelblumen erfreuen Auge und Nase.

DUFTIGE LÜCKENFÜLLER Um reich zu blühen, mögen es die Blütenteller der Ringelblumen *(Calendula officinalis)* oder die betörend duftenden Bartnelken *(Dianthus barbatus)* sonnig bis halbschattig. Rasch bildet der Duftsteinrich *(Alyssum/Lobularia maritima)* weiße oder blauviolette Polster zwischen Löwenmaulpflanzungen *(Antirrhinum majus)* – im Volksmund auch »Froschgoscherl« genannt – das ebenfalls honigwarmen Duft verströmt.

Eine Gartenblume mit berückendem Wohlgeruch ist auch die Levkoje *(Matthiola incana)*, die nach der Aussaat im März bald unzählige Duftkerzen in weiß, rosa oder violett ausbildet.

Mit seinem schweren, intensiven Duft nach Vanille, Nelken und Zimt zieht der Heliotrop *(Heliotrop peruvianum)* auch Schmetterlinge magisch an.

TIPP **Achtung: Bei zu nährstoffreicher Erde gehen nicht nur Studentenblumen (Tagetes) zu verstärkter Laubbildung auf Kosten der Blüten über.**

Bis in den Herbst werden die duftende Verbene *(V. bonariensis)* und das orange Schmuckkörbchen *(Cosmos sulphurus)* an sonnigem Standort und in guter Gartenerde etwa einen Meter hoch. Zu den hervorstechenden einjährigen Gestalten im Blumenbeet zählen jedoch die Sonnenblumen, die 20 cm–4 m hoch werden. Mit ihrem für uns Menschen kaum wahrnehmbaren Aroma ziehen die Blätter Schnecken an, vor denen sie am besten mit einem Schneckenzaun geschützt werden.

Im Halbschatten kommen Waldmeister, Gartenresede oder Hornveilchen gut zurecht. Auch der Ziertabak liebt absonnige Gartenecken. So schön er jedoch ist, in Gärten mit kleinen Kindern sollte aufgrund seiner Giftigkeit aufgepasst werden.

Einjährige Kapuzinerkresse schließt im Nu jede Lücke in Beet oder Topf!

Empfehlenswerte ein- und zweijährige Duftpflanzen

Deutscher Name	Lateinischer Name	Ansprüche	Höhe	Farbe	Bemerkungen
Einjährige Duftpflanzen					
Bartnelke	*Dianthus barbatus*	sonnig, sandiger kalkhaltiger Lehmboden	30–60 cm	weiß-rosa-schwarzrot,	Aussaat Ende Mai ins Freiland, sät sich selbst aus, Sämlinge rasch ausdünnen meist zweifärbig
Duftsteinrich	*Alyssum/ Lobularia maritima*	sonnig, nährstoffreicher kalkhaltiger Boden	10–45 cm	weiß-violett	Aussaat Mitte April–Mai ins Freiland, Rückschnitt verlängert Blüte, Vorsicht Schnecken
Duftwicke	*Lathyrus odoratus*	durchlässiger, nährstoffreicher Boden	bis 200 cm	alle Farben außer gelb	Vorgequollene Samen im Herbst in Töpfen vorkeimen, pikieren und frostgeschützt überwintern, Wuchs bei 3 Blattpaaren entspitzen
Gartenreseda	*Reseda odorata*	sonnig-halbschattig, nahrhafter Lehmboden	20–60 cm	grünlich gelb	Aussaat Herbst oder Frühling im Freiland in Rillen, leicht bedecken, gut festtreten, Keimlinge ausdünnen
Kapuzinerkresse	*Tropaeolum majus*	sonnig-halbschattig, durchlässiger Boden	40–300 cm	hellgelb-dunkelrot	Aussaat Frühling ins Freiland, je 2 Samen in 2,5 cm Tiefe, 4 Wochen Keimzeit, buschige und kletternde Sorten
Löwenmäulchen/ »Froschgoscherl«	*Antirrhinum majus*	sonnig, mäßig nährstoffreicher Boden	20–100 cm	alle Farben außer blau	Aussaat Februar–März (16–18 °C) sehr dünn, nur wenig bedecken, bis zur Keimung vor Sonne schützen
Zweijährige Duftpflanzen					
Garten-stiefmütterchen	*Viola wittrockiana*	sonnig-halbschattig, nahrhafter Humusboden	10–30 cm	alle Farben	Aussaat Sommer oder Herbst an geschützter Stelle im Freiland oder ins Frühbeet, feucht halten
Gemeine Nachtkerze	*Oenothera biennis*	sonnig, humoser sandig-steiniger Lehmboden	60–150 cm	gelb	Aussaat Juli–August, überwintert mit Blattrosette, blüht im nächsten Jahr, sät sich selbst aus, starker Nachtduft
Gemeine Nachtviole	*Hesperis matronalis*	sonnig-halbschattig, nährstofflreicher feuchter Boden	45 cm	lila, purpur, weiß	Aussaat Mai–Juni an Ort und Stelle oder ins Beet in Reihen mit 30 cm Abstand, im Spätherbst auspflanzen
Goldlack	*Cheiranthus cheirii*	sonnig, guter kalkhaltiger Boden	20–60 cm	hellgelb-dunkelrot	Aussaat April–Mai ins Beet in Reihen, im Spätherbst mit 30 cm Abstand auspflanzen, meist mehrjährig
Ringelblume	*Calendula officinalis*	sonnig, durchlässiger Boden	25–35 cm	gelb-orange	Aussaat Frühling ins Freiland, leicht mit Erde bedecken, im Herbst stärkere Pflanzen aussetzen,säen sich selbst aus, Rückschnitt verlängert Blüte

Duftbeet für Nachtschwärmer

Nach einem arbeitsreichen Tag bleibt kaum noch Zeit diesen gemütlich im Garten ausklingen zu lassen. Kaum sitzen Sie auf der Terrasse, geht die Sonne schon unter. Es ist zu spät, um die Welt der Blüten und ihrer Gäste zu genießen, oder? Was liegt näher, als ein ganz besonderes Beet neben dem Sitzplatz zu gestalten, das sich die Vorzüge abend- und nachtaktiver Pflanzen zu eigen macht. Nicht umsonst blühen viele davon in den Farben des Mondlichtes: weiß, silber und hellgelb. Sie reflektieren auch noch den kleinsten Lichtstrahl, der auf sie fällt, was sie für unsere Augen zusätzlich attraktiv macht.

Die nächtens wunderbar duftende Resede dankt das Vorziehen auf der warmen Fensterbank.

MONDSCHEINPFLANZEN Die wohl schönsten Düfte der Nacht liefern Levkojen und Nachtviolen. Levkojen *(Matthiola incana)* waren in fast jedem Bauerngarten als Sommerblumen zu finden. Eine kleine Heimlichtuerin, die tagsüber mit ihren einfachen weißen oder lila Blüten kaum auffällt, ist die Nachtviole *(Hesperis matronalis)*. Abends aber verwandelt sie sich in eine Königin der Düfte, deren Blüten, wie der Name schon verrät, an den Duft von Veilchen erinnern und einen Platz in der Nähe der Terrasse verdienen.

Die Nachtkerze *(Oenothera odorata)* lockt in nächtlichen Stunden Insekten an. Das Öffnen ihrer mondlichtgelben Blüten ist ein Spektakel, das immer wieder aufs Neue fasziniert. Nur für eine Nacht öffnet sich jede einzelne Blüte, ein Blütenblatt nach dem anderen, um zitronenartigen, fruchtigen Wohlgeruch zu verströmen. Tags darauf sind die nächsten Blüten am bis zu einem Meter hohen Stiel an der Reihe. Lässt man einige Samen gewähren, so ist im nächsten Jahr für eine Fortsetzung des Blütenreigens gesorgt.

ABENDDUFT Die ideale Randerscheinung in Blumenbeeten sind die grünlichen, kecken Zipfel der einjährigen Reseden *(Reseda odorata)*. Als Napoleon seiner Kaiserin Josephine Samen der Reseda aus Ägypten schickte, war der Siegeszug ihrer leichten Veilchen-Himbeernote unaufhaltbar. Sie war schließlich so beliebt, dass sie in Frankreich »Mignonette« (französisch: »Liebchen«) genannt wurden. Ihre Schwester, die Weiße Reseda *(Reseda alba)* ist als Dauerblüher doppelt so groß und eindrucksvoller für die Verwendung im Staudengarten.

Phlox paniculata 'Pax' ist als fast krankheitsfrei bekannt und entfaltet sein Odeur am stärksten in heißen Vorabendstunden.

Eine fast vergessene Wildpflanze ist das mild duftende Seifenkraut *(Saponaria officinalis)*. Wie ihr Name zu erkennen gibt, wurde sie früher als Feinwaschmittel verwendet.

TIPP **Achten Sie darauf, dass das Ausläufer bildende Seifenkraut nicht von der ihm zugewiesenen Stelle im Beet »verduftet«.**

Aschenputtel Nachtkerze: Am Abend verwandelt sie sich zur Königin des Gartens.

Sternbalsam und Wunderblume

Der einjährige Nachtphlox oder Sternbalsam *(Zaluzianskya capensis)*, eine 30 cm kleine, kriechende Pflanze aus Südafrika weist starken Marzipan-Vanilleduft auf. Am Tag sind an sonnigen, nicht zu trockenen Plätzen nur ihre dunkelroten Knospen zu erkennen, die sich erst abends zu attraktiven weißen Blüten öffnen. Auf der Terrasse oder am Schlafzimmerfenster in Töpfe gesetzt kann man ihr einmaliges Aroma jeden Abend genießen!

Die Wunderblume *(Mirabilis jalapa)* ist im Mittelmeerraum in Sonne und Halbschatten allerorts zu finden. In England heißt sie »five o'clock-plant«. Verlässlich am Spätnachmittag öffnen sich die Blüten, die nicht nur umwerfend nach Orange duften, sondern mit weiß/gelb/rosa/lila gefärbten Blütenblättern auch besonders schön aussehen. Die Knollen werden wie Dahlien überwintert.

TIPP **Haben Sie noch einen Platz zu vergeben? Im Bereich einer Sitzlaube begleitet uns ihr bezaubernd süßlicher Duft während des ganzen Sommers: Die stark duftenden Jelängerjelieber *(Lonicera caprifolium und L. periclymenum)* klimmen mit Kletterhilfe auf zwei Meter Höhe.**

Wenn laue Winde Blütengrüße der Engelstrompete auf die Terrasse wehen, ist der Sommerabend perfekt.

Giftige Freudenspender Aufmerksamkeit zieht auch die Engelstrompete *(Brugmansia/Datura)* auf sich. Die durstigen Topfpflanzen werden fern der Mittagssonne mitsamt dem Topf in Beete gesetzt. Die sommerliche Blüte kann bei nährstoffreicher Blumenerde üppig ausfallen. Ein heller Überwinterungsplatz bei 5–15 °C ist für die leider stark giftigen Duftspender Pflicht.

Als einjähriger Dauerblüher wirft der ebenfalls giftige Flügeltabak *(Nicotiana alata)* mit den hellen Trompetenblüten nur so um sich. Mit dem sinnlichen, schweren Duft zählt der Ziertabak aber zu den wohlriechendsten Pflanzen, denen man gerne im Mondschein begegnet.

Würziger Nelkenduft

Bereits in der Antike war Dianthus, die »Göttliche Blume« (griechisch: »Dios« = Gott, »Anthos« = Blüte) bekannt. Die Garten-Nelke sollen französische Kreuzfahrern bei der Belagerung von Tunis 1270 entdeckt haben – oder sie ist erst im 16. Jahrhundert über Frankreich und Italien in unsere Gärten gelangt. Weil sie einen ähnlichen Duft aufweist wie die damals kostbaren Gewürznelken, erhielt sie ihren Namen. Ihr Saft sollte im Mittelalter Epidemien wie die Pest abwehren und aphrodisierend wirken. Bald galten die Duftpflanzen als Symbol für Verlobung, Liebe und Ehe und als Zeichen der göttlichen Liebe auf vielen Mariendarstellungen. Ende des 18. Jahrhunderts waren sie groß in Mode. Während der französischen Revolution schritten Aristokraten mit einer roten Nelke im Knopfloch zur Guillotine. Seit den 1. Mai-Demonstrationen wurde sie zum Symbol der Arbeiterbewegung, weil das Mitführen von Fahnen verboten war. Viele Jahre war sie beliebt, in den 70er-Jahren wurde es still um sie. Mit dem Revival der 50er- und 60er-Jahre feiert auch die Nelke mit ihrem unverwechselbaren Duft ein Comeback.

NAMENSGEBER für unsere heutigen Nelken ist die Gewürznelke *(Caryophyllus aromaticus)*. Die getrockneten Blütenknospen des Nelkenbaums sind in unseren Breiten schon seit dem 13. Jahrhundert bekannt. In der Antike waren sie Parfum, Schmuck, Totengabe, Medikament, aber auch Zankapfel. Als Auslöser erbitterter Kriege um neue Anbaugebiete wurden die auf den Molukken im heutigen Indonesien beheimateten Nelken zunächst mit Gold aufgewogen, um als Opfergabe an Altären, hochgeschätzte Droge, z. B. in gewürztem, heiß getrunkenen Wein und noch heute als schlichtes, aber unverzichtbares Gewürz in Apfelkompott und Glühwein ihre Stellung in der Geschichte einzunehmen.

OPTIMALE BEDINGUNGEN Die meisten Arten mögen durchlässigen Boden und sonnige Standorte, um sich prächtig zu entwickeln. Die Garten-Nelke *(Dianthus caryophyllus)* aus Südeuropa wird bei uns in vielen ein- bzw. zweijährigen Sorten gepflanzt. Sie verlangen normale Gartenerde und vertragen keine Staunässe, um 20–70 cm lange, auch hängende Triebe zu entwickeln. Dunkelrote, essbare Blüten wurden zum Würzen von Wein benutzt oder auch kandiert bzw. zu Duftkissen verarbeitet werden. Aus Kreuzungen entstanden in den letzten Jahrhunderten zahlreiche Federnelken, allesamt gute, duftende Schnittblumen.

TIPP **Die wilde Pracht-Nelke *(D. superbus)* liebt im Gegensatz zu anderen Nelkenarten wechselfeuchte Böden oder saure moorige Wiesen. Die geschützte 40 cm hohe Duftpflanze trägt hellrosa Blüten, die Sorte 'Albus' reinweiße Blüten mit fransig zerschlitzten Kronblättern und intensivem Aroma.**

Die Nelke spielte schon in der orientalischen Lyrik eine wichtige Rolle.

Die Karthäusernelke ist Standardausstattung vieler Klostergärten.

Nelkenfieber

An Trockenmauern, in Heide- und Steingarten oder als Randbepflanzung fühlen sich Nelken wohl. Im Herbst können Sie die Stöcke teilen oder Stecklinge nehmen, die bei 10–14 °C gut bewurzeln. Buschige Formen erzielt man durch den Schnitt der Triebspitzen, nachdem sie etwa zehn Blattpaare gebildet haben.

Die **Feder-Nelke *(D. plumarius)*** bildet dichte, immergrüne Polster mit stark duftenden rosaroten oder auch weißen Blüten (gefüllt oder mit gefransten Kronblättern) ab dem Spätfrühling. Die Parfum-Nelke 'Devon Cream' etwa trägt gelbe gefüllte Blüten mit pinkfarbenen Streifen.

Vor stark wüchsigen Nachbarn schützen müssen Sie die wild wachsende und kurzlebige **Heide-Nelke *(D. deltoides)***, in rot und weiß, oft mit dunkler Mitte. Frechfröhlich lachen ihre Blütenstände besonders in Steingärten etwa 15 cm hoch zwischen anderen Duftgewächsen hervor.

Eine relativ bekannte Nelkenart ist die 30 cm hohe **Karthäuser-Nelke *(D. carthusianorum).*** Ihre Kultur ist recht einfach: Im April wird sie vor Ort an sonnige Plätze in nährstoffarmen, trockenen Boden gesät, um ab dem zweiten Jahr ein leuchtend pink-violettes Blütenmeer zu bilden. Auch ihre Blüten eignen sich für wohlriechende Potpourris.

Kaiser-, Hedewigs- oder Sommer-Nelken *(D. chinensis)* sind buschige, meist ein- oder zweijährige Zwergnelken, die sehr langsam wachsen. Sie ähneln den **Bart-Nelken *(D. barbatus)*** aus den Bauerngärten, die jedoch einen halben Meter Höhe erreichen.

Stark duftend sind auch die weißen Blüten der **Sand-Nelke *(D. arenarius),*** einer Wildnelke, die in Heidegärten und Sandböden ebenfalls nur bis 20 cm hoch wird, was ihrem betörenden Wohlgeruch aber keinen Abbruch tut.

Pfingst-Nelken *(D. gratianopolitanus)* glänzen nicht nur mit wintergrünem Laub, sondern auch mit rosa bis roten, duftenden Blüten. Ihre blaugrünen Kissen machen sich gut am Beetrand, aber auch zur Grabeinfassung. So lieblich wie ihr Aussehen ist auch ihr Duft.

Herbstliche Wohlgerüche

Der duftende und wohl schmeckende Beeren- und Fruchtschmuck vieler Gehölze begleitet uns im Herbst. Er bietet nicht nur uns, sondern auch vielen gern gesehenen Gartengästen Nahrung und ist auch von gestalterischem Wert.

Verführerische Früchte

Äpfel, Birnen, Kirschen, Schattenmorellen, Weichseln, Feigen, Marillen, Weintrauben, Kiwi, Pfirsiche und Quitten – Obst bietet fruchtige Erlebnisse in einer unglaubliche Vielfalt an Formen, Farben und Aromen. Obstgehölze können Sie einfach frei wachsen lassen oder für größere Ernten allerlei Kunstgriffe anwenden. Ob als Hecken, Formbäumchen, Zaunberankung, als Wandspalier oder malerischer Laubengang, gestalterisch sind Obstgehölze als Rückgrat des Gartens vielseitig einsetzbar.

Stachellose Brombeeren mit fein geschlitzten Blättern und Mini-Kiwis erobern Wände und duften um die Wette. Erdbeeren, Ribisel und Stachelbeeren sowie kleine Obstbäumchen eignen sich an warmen, windgeschützten Lagen auch als Kübelpflanzen: Feige *(Ficus carica)* und Granatapfel *(Punica granatum)* sind essbare Früchte. Weniger bekannt ist ihre Verarbeitung zu kostbaren Parfümölen.

Genuss für alle Sinne Ein Pfirsich mit seiner samtig weichen Haut ist ein besonderer Genuss, wobei spätreifende Sorten meist noch aromatischer sind. Kalkreiche nahrhafte, durchlässige, tiefgründige, humose und feuchte Böden mögen sie. Mulchen Sie deshalb die Baumscheibe ganzjährig. Weiß- und rotfleischige Sorten sind weniger anfällig gegen die Kräuselkrankheit, die sie oft begleitet. Unterpflanzungen von Knoblauch, Kapuzinerkresse und Meerrettich sollen vorbeugende Wirkung haben und Spritzungen mit Schachtelhalmtee stärken durch Einlagerung von Kieselsäure die Blattzellen.

Die heimische Kornelkirsche (Dirndlstrauch) war früher eine bedeutende Kulturpflanze.

Heimisches Wildobst In der Küche dürfen auch die Dirndln nicht fehlen. Als heimische Kornelkirsche *(Cornus mas)* liefern sie nicht nur gelbe zart duftende Bienentracht im März, sondern auch rote geschmackvolle Herbstfrüchte. *Mespilus germanicus,* die Echt-Mispel oder Asperl, spannt den Bogen zu den größeren Obstgehölzen. Erst nach Frosteinwirkung stehen die braunen, mit dem Apfel verwandten Früchte des schönen kleinen Baumes zum Genuss bereit. Auch der zweihäusige Sanddorn *(Hippophae rhamnoides)* ist ein seltener, wenn auch etwas dorniger Vitaminspender. Er kann im Topf kultiviert werden und sieht dabei den Wärme liebenden Olivenbäumen auf den ersten Blick täuschend ähnlich.

Vitaminpakete mit Duft Der typisch fruchtige Apfelduft erfrischt uns und lässt uns herzhaft zubeißen. Besonders praktisch ist es, unterschiedliche Reifezeiten mit Mehrsortenbäumen zu nutzen. Denn nicht umsonst stand der Apfelbaum aufgrund seiner Fruchtbarkeit in den Mythen und Märchen vergangener Zeiten im Mittelpunkt.

Reifende Äpfel haben eine besondere Eigenschaft: Die Reifegase, die sie verströmen regen blühunwillige Topfpflanzen zur beschleunigten Knospenbildung und Blüte an. Legen Sie reife Äpfel zur Pflanze und ziehen Sie eine Plastikfolie darüber. Ein Stillleben aus Obstschale und Blumenvase ist fehl am Platz: die Blumen verblühen im Eilzugstempo.

Die samtigen apfel-birnenförmigen Früchte der Quitten *(Cydonia oblonga)* zählen zu den letzten der Gartensaison. Ganze Gartenecken erfüllen sie mit ihrem weichen Duft, dem ein schöner Blütenflor vorausgeht. Geerntet werden die Früchte beim Farbwechsel von grün nach gelb, denn sonst ist für die Verarbeitung zu Gelee und Kompott das vorhandene Pektin zu stark abgebaut und der Geschmack beeinträchtigt. In der Größe bleiben Zierquitten *(Chaenomeles japonica)* zwar zurück, nicht aber im Duft. Die gelborangen, aromatischen Früchte werden in den Baltischen Staaten als »Nordische Zitrone« bezeichnet, mit einem hohen Anteil an Vitamin C. Bereits im April zeigen sie auffallend große Schalenblüten in bunten Farbtönen.

So ein Holler! Dass ein Hollerbusch im Garten die Apotheke ersetzen kann, wussten Steinzeitmenschen wohl noch nicht. Dennoch fand der Schwarze Holunder *(Sambucus nigra)* schon damals Verwendung und war gern gesehener Gast auf tiefgründigen, durchlässigen Böden in Menschennähe. Frau Holle, eigentlich die germanische Göttin Frau Holde, die vor Krankheiten schützte, hat ihren Sitz nicht von ungefähr im Hollerbusch. Unglück dem, der einen Hollerbusch fällte. Der Saft aus den reifenden, glänzend schwarzen Herbstfrüchten gilt seit alters her als gutes Hausmittel bei Erkältungskrankheiten. Die Sorte 'Haschberg' trägt bis zu 1 kg schwere Dolden, essbare gelbliche Früchte trägt hingegen *S. nigra albida.*

Holundersirup selbst machen

- 100 g Zitronensäure
- 3 kg Zucker
- 3 l Wasser
- ca. 20 Stück Hollunderblütendolden
- 6 Zitronen in Scheiben geschnitten

Alles mischen und 3 Tage in der Sonne stehen lassen. Dann abseihen und in Flaschen füllen.

Gerüche mit Bodenhaftung

Dieser Duft sitzt wohl jedem in der Nase: Nach einem sommerlichen Regenguss, wenn der Boden dampft oder wenn herbstliche Nebel durch den Garten ziehen, gibt dieser seine herben, erdigen Basisaromen ab. Was wäre der Garten ohne sie? Verschiedene Hölzer, Kräuter und Moosarten wie Eichenmoos *(Evernia prunastri)* oder Pflaumenflechte *(Pseudevernia furfuracea)* spielen auch in unseren Gärten eine duftige Rolle. Ihr komplexes Geruchsbild kann algige, ledrige, holzige aber auch bittere Duftkomponenten enthalten. Herrlich frisch nach Wald duftet dunkelbrauner, fein krümeliger Kompost, der sachgerecht geschichtet, etwa ein Jahr benötigt hat, um zu reifen.

Engelsgeschöpf ✤ Doch es gibt auch Pflanzen, denen erdige Töne eigen sind: die Engelwurz *(Angelica archangelica)* etwa. Mit ihren weißen, bis 20 cm großen Doldenblüten, die stark erdig-würzig duften, und ihrer Höhe von bis zu zwei Metern ist sie durchaus imposant und dabei sehr dekorativ. Als ornamentaler Solitär in gemischten Blütenstaudenbeeten mit Strauchrosen wirkt sie besonders schön. Die Wurzel ist vor der Blüte essbar, die Samen werden als Gewürz gemahlen und die Stängel sind kandiert ein wahrer Genuss. Gleichzeitig erhöht die Pflanze die Lichtempfindlichkeit der Haut und fördert die Durchblutung. Schwangere sollten das Kraut daher erst nach ärztlicher Rücksprache verwenden. Das Saatgut des Frostkeimers besitzt nur eine sehr kurze Lebensdauer.

Ein erdverbundener Herbstblüher ✤ mit unverwechselbarem intensivem Duft mit blumigen Noten, Moschus- und Honiganteil ist der Träger des edelsten aller Gewürze: der Safrankrokus *(Crocus sativus)*. Er zählt zu den ältesten Kulturpflanzen und seine Blütennarben, die kostbarer als Gold waren, verströmen verführerische, süß-erdige Wohlgerüche. Sein Geschmack ist fein aber durchdringend, erdig und leicht scharf, moschusartig bitter und das mit langem Abgang.

Die Blütennarben des Safrankrokus gehören zu den teuersten Gewürzen der Welt.

Herbe Note ✤ Einst Markenzeichen einer ganzen Generation erfreute sich das herbe Patchouly *(Pogostemon heyneanus)* besonderer Beliebtheit. Der orientalische, sinnlich-erdige, leicht muffige Duft entwickelt sich erst durch Fermentation, verwelkende gezackte Blätter haben ein stärkeres Aroma als grüne. Der Lippenblütler mit kleinen rosalila Blüten wächst bis 40 cm hoch, aber nur bei mehr als 12 °C. Im Sommer steht die nährstoffliebende Pflanze lieber im Schatten und ist damit nicht unbedingt ein Dauerbrenner.

Eine herb-erdige Note trägt auch die Russische Pfefferminze (*Mentha* sp.) neben ihrem kräftigen Mentholaroma. Sie hat einen großen Ausbreitungsdrang wie fast alle Minzen, verträgt aber auch trockene Standorte.

Letzter Duftrausch

Was die Düfte angeht, wird es im herbstlichen Garten etwas ruhiger. Sanft raschelndes, erdig duftiges Laub, viele Früchte und einige wenige Blütenschätze erzeugen dennoch unvergessliche Schnuppertage, bevor Schnee in der Luft liegt.

Staudenpracht Sanft leuchtend zeigen sich die Kandelaber der Silberkerzen *(Cimicifuga racemosa)*, die den frühherbstlichen Garten mit köstlich süßem Parfümduft überziehen. Auch die Herbst-Prachtnelke (*Dianthus superbus* 'Autumnalis') duftet jetzt noch aus weißen fransigen Blüten. Bodendeckende Storchenschnabel (*Geranium* sp.), die bis zu 15 cm hohe Teppiche bilden, sind gute Begleiter mit schön gefärbten Duftblättern nach der meist weiß bis rosa Sommerblüte.

Bis in den Herbst erfreuen uns Kräuter- und Staudenbeete mit den unterschiedlichsten Düften.

Die Knollen des Alpenveilchens *(Cyclamen purpurascens)* geben auch ohne Wasser und Erde kräftige Lebenszeichen. Bis September blüht die winterharte und pflegeleichte Pflanze, die sich fleißig an hellen bis halbschattigen, ungestörten Plätzen in durchlässigem, leicht kalkhaltigem Boden aussät. Ein Standort an einer Mauerkrone oder im Hochbeet hilft dabei. Wer sich in seine Nähe begibt, wird vom Duft überrascht sein.

Wenn bereits die Blätter von den Bäumen rieseln, beginnen Chrysanthemen erst in warmen Herbstfarben zu blühen. Sie symbolisieren im Ursprungsland China ein langes Leben. An hellen, kühlen und luftigen Plätzen kommen sie selbst diesem Ziel näher.

TIPP **Wer Chrysanthemen im Garten überwintern will, sollte sie Anfang September auspflanzen und mit Reisig gegen Fröste schützen. In Töpfen treiben sie nach einer hellen, etwa 8 °C kühlen Überwinterung im Frühling verlässlich aus.**

Späte Duftsträucher Auch einige wenige Blütensträucher, die uns mit Düften verwöhnen, finden sich in der späten Jahreszeit noch. So hält etwa der Sommerflieder *(Buddleia)* seine Honig-Aromen für die Insektenwelt bis Oktober bereit. Auch die lavendelfärbige Perowskie *(Perovskia atriplicifolia)* hat noch lange nicht genug vom Blühen. Und wenn die meisten Gehölze schon Früchte zeigen, duften von Juli bis September auch noch die Blüten der Rispenhortensie (*Hydrangea paniculata* 'Kyushu') stark nach Honig.

Ein Neuzugang in den Gärten ist der »7-Söhne-des-Himmels« Strauch *(Heptacodium miconoides)* aus China. Er beginnt erst ab September in kleinen weißen Büscheln zu blühen, die zart nach Jasmin duften.

Die späten Blüten des »7-Söhne-des-Himmels«-Strauchs gehören zur letzten Bienennahrung.

Mit Gewürzen durchs Jahr

Dass fast alle üblichen Gewürze auch diversen Parfüms ihre Note geben, überrascht nicht. Viele würzige Pflanzen sorgen ja auch im Garten das ganze Jahr über für unvergessliche aromatische Momente.

Duftende Urlaubsgrüsse Leidenschaftliche Gärtner versuchen immer wieder Pflanzen aus dem Mittelmeerraum in ihren Gärten anzusiedeln. Viele kommen einige Jahre durch, bis zu jenem Winter, der diese Bezeichnung wirklich verdient. Dennoch lohnt die Mühe: ihre Düfte versetzen uns in andere Welten und die Küche dankt die frischen Aromen.

Nicht nur auf Pizza ist der würzige Duft des Majoran *(Origanum majoranum)* mild und warm. Im Garten macht sich der Wilde Majoran *(O. vulgare)* als exzellente Bienenweide gern selbstständig, deshalb sollten Sie nach der Blüte öfter an eine Ernte denken.

Auch Basilikum (*Ocimum* ssp). verströmt einen intensiven lebhaften Duft. Seine Sorten unterscheiden sich in Blattfarbe, Größe und Aroma. Alle brauchen viel Licht und Wärme. Sie vertragen keinen Wind, um nicht zu »kippen«. Für eine lange Ernte pflücken Sie nur die Triebspitzen. Grünblättrige Sorten sind oft robuster, kleinblättrige Sorten sind leichter zu verwenden. Das beruhigende Aroma lässt sich unter anderem in Pesto oder durch Einfrieren konservieren.

Die silbrigen Zweige des Currystrauches *(Helichrysum italicum)* können Sie kurz mitkochen, um seinen aromatischen Duft verstärkt genießen zu können. Der Strauch erreicht in der Sonne und ohne Staunässe mit kleinen gelben Blüten im Juli 40 cm Höhe.

Anis und Lakritze Der in Nordamerika beheimatete Anis-Ysop (z. B. *Agastache foeniculum* bzw. *anisata*) ist eine außergewöhnliche Teepflanze mit nach Anis duftenden Blüten und Blättern. Auf durchlässigen, humosen Böden bildet sie 50 cm hohe, auffällige Blütenkerzen, die gern von Schmetterlingen und Bienen besucht werden.

Süße Anis-Düfte haben auch Kreuzkümmel *(Cuminum cyminum)* und Estragon aus der Familie der Artemisien aufzuwarten. Als zweijähriges Gewächs wird Kümmel *(Carum carvi)* direkt ins Beet gesät und auf 10 cm vereinzelt.

Wer Lakritze mag, der ist mit der Süßdolde *(Myrrhis odorata)* bestens bedient. Mit weiß blühenden Dolden erreicht sie bis 1,5 m Meter Höhe und bereichert nahrungsreiche Standorte mit ihren Aromen. Achtung, unter den Doldenblütlern gibt es auch giftige Arten!

TIPP **Mit würzigen Duftnoten wie beispielsweise Muskatnuss oder auch Zimt stehen Ihnen Duftgeranien – eigentlich Duftblatt-Pelargonien – zur Verfügung, die auch in der Küche Verwendung finden.**

Winterliche Walddüfte

Coniferig beschreibt eine Duftgruppe von Nadelgehölzen inklusive deren Harze. Typisch erdig, aber auch aromatisch-würzig, citrusartig oder krautig – für viele Koniferen die so duften scheitert das Leben im Garten oft am Standort und an ihrer Größe. In den Wäldern zeigen Fichten, Tannen oder Kiefern, was in ihnen steckt: Aus einem Quadratmeter Waldboden mit Nadelstreu lässt sich bis zu ein Liter an Monoterpenen, den Hauptbestandteilen der ätherischen Pflanzenöle gewinnen. Das ist mit ein Hauptgrund dafür, dass sich Waldbrände schnell ausbreiten können und sich unter Nadelbäumen oft keine Krautschicht mehr ausbildet.

Ätherische Öle sind in Nadeln, Früchten/Zapfen und Zweigen der Nadelbäume enthalten. Aus den getrockneten Beeren des Echten Wacholders *(Juniperus communis)*, die auch in der Küche nicht fehlen dürfen, wird das anregend wirkende Wacholder-Öl mit typischem Gin-Duft destilliert. Das ätherische Öl der Latschenkiefer besitzt entspannende, schmerzlindernde und krampflösende Wirkung. Es hilft nicht nur den Füssen nach langen Wanderungen, meinen die Erzeuger von Latschenkiefer-Schnaps. Die nicht heimische Douglasie wartet hingegen mit orangenbetonten Duftnoten auf und Fichtennadelöl duftet coniferig mit zitrusartigen Akzenten. Der süß-aromatische harzige Tannenholz-Duft hingegen ist untrennbar mit der Weihnachtszeit verbunden.

Oh Tannenbaum

Ob exzentrische Diva oder betörendes Duftbäumchen: Wenn Sie den richtigen Baum für das große Fest endlich gefunden haben, wollen Sie ihn möglichst lange in Ihrer Nähe behalten.

Dazu einige Tipps:

- Je heller der Anschnitt, umso frischer ist der Baum. Bei Fichten und Nobilistannen ist auch ein starker Harzfluss Zeichen für Frische.
- Nach dem Kauf geht es zum langsamen Aufwärmen in einem Eimer Wasser für ein, zwei Tage stehend in Keller oder Garage.
- Profis mit Muskelkraft kürzen vor dem Aufstellen den Weihnachtsbaumstamm um einige Zentimeter, um für eine frische Schnittfläche zu sorgen.
- Ein Christbaumständer mit Wasserdepot löscht den Durst des Baumes. Ein paar Tropfen Glyzerin darin verhelfen zu noch mehr Frische.
- Den geputzten Baum täglich mit Wasser zu besprühen verlängert seine Lebensdauer zusätzlich.

Schönes Fest!

Mit Düften Lebensräume gestalten

Um an den Duftschätzen zu schnuppern, sie zu berühren, zu kosten oder sich ganz einfach nur betören zu lassen: Bei der Gartengestaltung mit Duftpflanzen steht die gute Erreichbarkeit im Vordergrund. Mit einer standortgerechten Pflanzenwahl wachsen die Duftschätze ohne viel Pflegeaufwand in farbenfrohen Kiesgärten oder zeigen als großblättrige Pflanzenschönheiten ihre Blüten als Blickfänge im Schatten. Ob nun im Garten der Sammlerleidenschaft nachgegangen wird oder die Freude an der Schönheit der Natur überwiegt, die Möglichkeiten zur Gestaltung werden nur von Ihren Vorstellungen begrenzt.

Mit Düften komponieren

»Es ist ja etwas von Schöpferlust und Schöpferübermut beim Gartenbau, man kann ein kleines Stück Erde nach seinem Kopf und Willen gestalten. Man kann sich für den Sommer Lieblingsfrüchte, Lieblingsfarben, Lieblingsdüfte schaffen. Man kann ein kleines Beet, ein paar Quadratmeter nackten Bodens zu einem lachenden Gewoge von Farben machen.« Hermann Hesse

Glück dem, der einen Garten hat – und sei es nur ein kleiner – um den Blick in die rauschenden Baumkronen schweifen zu lassen, die weißen Wolken im blauen Himmel zu beobachten und dem Plätschern im Gartenteich zuzuhören.

Duftrausch

Das Parfüm der Pflanzen verleiht dem Garten eine sinnliche Note, die den Körper anregt und die Sinne beflügelt. Als Balsam für die Seele entspannen Pflanzendüfte und sind gleichzeitig anregend. In ihrem Dunstkreis lässt es sich herrlich träumen! In verschiedenen alten Sprachen ist das Wort Seele mit Duft identisch.

Vergessen Sie bei der Pflanzenauswahl für Ihren Wunschgarten nicht auf duftende Arten. Bei der Duftfülle finden Sie mit Hilfe Ihrer Lieblingsaromen garantiert etwas Geeignetes. Wenn Sie die schweren Parfums von Lilien und Levkojen zu sehr narkotisieren, dann putschen Sie vielleicht frische Citrusdüfte auf. Sind Sie so romantisch, dass Sie blumige Buketts von Pfingstrosen oder Nelken bevorzugen? Vielleicht genießen Sie lieber die herben, balsamischen Kräuteraromen?

»Duftgärten« setzen intensives Schnuppern voraus, bevor Sie an ihre Planung gehen. Das Sammeln und Komponieren Ihrer persönlichen Gartennote wird Sie und andere verzaubern!

Duftmarken setzen

Eine Herausforderung für jeden Pflanzenfreund ist es, dem Garten vom Frühling bis zum Winter Düfte zu entlocken. Duftende Plätze können Sie in jedem Garten schaffen, egal, wie klein er auch ist. Gelungen ist die Komposition nur, wenn nicht zu viele Gerüche um Ihre Aufmerksamkeit streiten. Intensiv duftende Pflanzen wie Lilien entfalten sich am allerbesten als Solitärpflanzen, ganz ohne geruchsintensive Nachbarn.

Duftige Streicheleinheiten

Mit dem wachsenden Interesse an Heilpflanzen erleben Kräutergärten heute eine Renaissance. Viele Aromapflanzen stammen aus südlichen Ländern und brauchen viel Sonne, um gesund zu wachsen und reichlich ätherische Öle, Mineralstoffe und Vitamine ausbilden zu können. Letztendlich bestimmen diese ihre Qualität und ihr Aroma. Überall wo die Wärme sich länger hält, vor Mauern, dicht bepflanzten Zäunen oder Hecken – an Stellen mit mediterranem Flair also, gedeihen wärme- und trockenheitsliebende Kräuter besonders gut.

Auch sonnige Treppen und Wege werden von Düften begleitet. Schon ein flüchtiges Streifen genügt, um sie einzufangen. Basilikum, Bohnenkraut, Lavendel, Oregano, Rosmarin, Salbei und Thymian und andere pflanzliche »Duftperlen« freuen sich über wasserdurchlässigen, eher sandigen Boden. Die Kräuter können Sie dicht aneinander pflanzen und kahle Zwischenräume mit niedrigen Einjährigen kaschieren.

Das mittelalterliche Gestaltungselement des Knotenbeetes können Sie u. a. aus Weinraute (1), Salbei »Iceterina« (2) und Ysop (3) formen.

DUFTHECKEN UND KNOTENBEETE

Auch zahlreiche Heilkräuter verströmen bei Berührung einen angenehmen Duft. Die Wein- oder Edelraute *(Ruta graveolens)* besitzt schöne, intensiv duftende Blattfiedern. Eine lang vergessene aromatische Heil- und Einfassungspflanze ist die Eberraute *(Artemisia abrotanum)*, die zitronenartigen Duft verströmt (siehe Seite 73), Zusammen mit Lavendel und Salbei, Thymian und Ysop eignet sie sich zur Anlage von Dufthecken, die Sie auch in Form von Knotenbeeten gestalten können. Bei dieser Sonderform des sogenannten »Parterre« werden die Hecken nicht auf eine Höhe geschnitten, sondern verschiedene Arten und Höhen kreuzen einander wie übereinander liegende Bänder. Die Zwischenräume können Sie bepflanzen oder mit Sand, Kies oder Muscheln füllen.

Kiesgärten

Auf mageren, sommertrockenen Böden mit gutem Wasserabzug lohnt sich die Anlage üppig blühender Kiesgärten. Pflanzen, die an diesen extremen Standorten zurechtkommen, duften oft besonders aromatisch. Sie verlangen zwar keinen übermäßigen Aufwand, dafür aber besondere Pflege und Erfahrung. In extrem trockenen Lagen kann eine Mulde die Pflanzen vor Wind schützen und Wärme einfangen. Durch eine Mulchauflage mit Kies gedeihen hier auch Stauden, die sonst nicht immer zuverlässig winterhart sind, wie manche Polsterthymiane. Nur beim Pflanzen und während extremer Trockenperioden wird ordentlich gewässert, ansonsten bleiben die robusten und attraktiven Pflanzen sich selbst überlassen.

Mauerblümchen

Es sind aber nicht nur Kräuter, die im Steingarten, an sonnigen Südböschungen oder auf Dachbegrünungen die Sinne anregen. Viele Duftpflanzen erfreuen sich als naturnahes Gestaltungselement in Trockenmauern immer größerer Beliebtheit. Für eine Bepflanzung der Fugen, in denen viele Tierarten einen Lebensraum finden, eignen sich unter anderem duftender Zwergphlox, Steinkraut oder Seifenkraut. Auch der Teppich-Wermut *(Artemisia assoana)* und der Silberpolster-Beifuß. (*A. schmidtiana* 'Nana') mit aromatischem, filigranem, grauen Laub bilden hier flache Polster.

Mediterrane Duftwolken

Vom Lavendel-, Thymian-, Rosmarinaroma der Provence brauchen Sie nicht zu träumen, denn diese Pflanzen finden auch in Ihrem Garten leicht Platz. Gut so, denn sie verströmen kräftige kampferartige Düfte, die Ihre Sinne betören werden: »sauber« und »frisch«, aber auch »medizinisch«, denn die Öle vieler mediterraner Aromapflanzen haben nachgewiesenermaßen auch heilende Wirkung.

Betörender Lavendel

Als klassischer Rosenbegleiter ist Lavendel *(Lavandula angustifolia)* seit Ewigkeiten bekannt. Schon sein silbernes, attraktives Laub macht ihn zur wichtigen Strukturpflanze. Während der Blütezeit von Juli bis August bereichert er mit blauer, violetter oder weißer Blüte die Luft mit aromatischen Düften. Mit seinem herben, leicht holzigen, krautigen Wohlgeruch ist er nicht nur ein Magnet für Schmetterlinge, Hummeln & Co; sondern fasziniert auch uns Menschen. Wird er als Einfassung schmaler Gartenwege verwendet, ist es unausweichlich mit seinen ätherischen Ölen in Kontakt zu kommen: Er liefert eines der in der Parfümerie gebräuchlichsten ätherischen Öle.

Lavendel bringt Urlaubsstimmung in Ihren Garten. Er liebt sonnige, trockene Plätze und benötigt nur wenig Wasser. Nadelgehölze in der Nähe tun ihm nicht gut. Mit der Zeit wächst der Blaublütige zu einem knorrigen Gehölz heran, das den regelmäßigen jährlichen Rückschnitt braucht, um in Form zu bleiben. Dazu werden die Sträucher direkt nach der Blüte (nicht später als August) oder direkt vor dem Neuaustrieb etwa auf die Hälfte eingekürzt. Die Pflanzen können sonst nicht mehr ausreifen und werden frostempfindlich. Vermehren lässt sich Lavendel leicht, nämlich durch Aussaat und Absenker. Stecklinge sind im Sommer nur unwesentlich schwieriger zu ziehen.

Noch mehr Duft wohnt Lavandin inne. Der Bastard aus *Lavandula officinalis* und *L. latifolia* besitzt einen waldig-kräuterartigen Duft mit einer deutlichen Kampfernote.

Vorsicht: Erfolgt der Rückschnitt des Lavendels zu tief, treibt er oft gar nicht mehr aus.

Winterharte Lavendelsorten

Lavandula	Blüte	Wuchsform	Winterhärte
angustifolia **'Dwarf Blue'**	tief violett	25 cm	winterhart
angustifolia **'Hidcote Blue'**	tief violettblau,	30 cm	winterhart
angustifolia **'Munstead'**	kräftig blau	locker, sehr wüchsig	winterhart
angustifolia **'Nana Alba'**	weiß	kompakt	winterhart
angustifolia **'Rosea', 'Loddon Pink'**	zart hellrosa	bis 50 cm	winterhart
angustifolia **'Siesta'**	dunkelblau	bis 30 cm, kompakt	winterhart
intermedia **'Alba' (Provence Lavendel)**	weiß	50 cm	winterhart

Sonnenliebhaber und heilige Blumen

Haben Sie mit Lavendel Ihre Schwierigkeiten, versuchen Sie es einmal mit dem anspruchslosen und wesentlich länger blühenden Ysop *(Hyssopus officinalis)* als Alternative. Dieser sonnenliebende Halbstrauch weist ebenfalls einen süß-kampferigen Kräuterduft mit warm-aromatischem, würzigen Unterton auf. Sein würziges Öl fördert die Konzentration, klärt und hilft bei Husten.

Sonnenliebhaber Rosmarin In keinem Sommergarten sollte er fehlen: der Rosmarin *(Rosmarinus officinalis)* regt mit seinem intensiv herb-würzigen Duft an und belebt. Um die Lebensgeister so richtig wecken, helfen im herbfrischen Badewasser geschnittene Rosmarintriebe zur morgendlichen Aktivierung, ebenso wie Pflanzungen am Morgensitzplatz. Nicht nur wohlriechend, sondern auch gesund ist er: Rosmarinsäure fängt freie Radikale ab, die durch Rauchen oder großen Stress im Körper entstehen und verschiedenste Krankheiten auslösen können. Korsischer Rosmarin (*R. officinalis* 'Corsican Blue') und der Hängerosmarin *(R. officinalis f. repandus)* sind empfehlenswerte Sorten. Mit ausreichendem Winterschutz und in sehr großen Töpfen können die Stöcke mitunter den Winter auch in unserem Klima draußen überleben. Besser ist es, sie geschützt, hell und kühl (10–15 °C) zu überwintern.

Die vielfältigen Heilkräfte des Ysop gerieten leider in Vergessenheit.

Heilige Blume Eine jener silbrigblättrigen oder grünen Arten, deren Blätter herb duften, ist die Heiligenblume *(Santolina chamaecyparissus)* trägt dekoratives graugrünes, fein gefiedertes Laub über dem im Hochsommer kleine kräftig gelbe Blütenköpfe schweben. Ihren intensiven, würzigen und hellen Geruch verströmen die Pflanzen aber auch über die an den Stängeln getrockneten Blätter im Winter. Sie frieren bei Starkfrösten alle paar Jahre stark zurück. Bei mineralreichem und durchlässigem Boden eignen sie sich gut für niedrige geschnittene Einfassungshecken.

Kräuteroasen

Kamille & Co

Den milden Duft der Kräuter verbindet man mit dem, der oft in alten Drogerien und Apotheken vorherrscht. Bereits seit jeher begleitet den Menschen die Kamille *(Matricaria recutita)* als odorierendes Heilkraut. Es duftet durchdringend süß und krautig und wohl jeder hat schon mit der entzündungshemmenden und wundheilenden Wirkung der Kamille Bekanntschaft gemacht.

Der Gewürzsalbei *(Salvia officinalis)* behält sein krautig-würziges Aroma auch im Winter. Die Sorte 'Purpurea' fällt mit lila Blättern auf, 'Iceterina' leuchtet mit panaschierten Blättern mit goldgelbem Rand, 'Tricolor' wiederum hat weiße Blattränder und färbt sich bei niedrigen Temperaturen rosa. Die ätherischen Öle des Salbeis sind hilfreich bei Beschwerden im Bereich von Hals, Mund, Kehlkopf und Rachen und pflegen trockene Haut. Nicht zuletzt werden die Blätter auch als Tee oder gebraten genossen.

Den warmen krautigen Duft der Schafgarbe *(Achillea millefolium)* können Sie bis spät in den Herbst genießen. Das heimische Gewächs präsentiert seine weißen Dolden mit entspannender und heilender Wirkung auf etwa 40 cm Höhe. Auch getrocknet verströmen die Pflanzen ihren würzigen Duft. In den Alpen wächst die kleinere Moschusschafgarbe *(A. moschata)* mit auffallend aromatisch-würzigem Aroma.

Angenehm frisch duftet auch der Lorbeer *(Laurus nobilis)*. Er regt mit seinem Duft an und fördert die Konzentration. Überwintert wird die immergrüne Kübelpflanze im Kalthaus bei 2–12 °C.

Der herb duftende Rainfarn eignet sich hervorragend zum Trocknen.

Giftiges Thujon

Der Rainfarn *(Tanacetum vulgare)* kommt überall in Europa vor. Durch seinen starken Geruch schaffte er es nur in England zum Gewürz. Er scheint auch für Insekten nicht einladend zu sein, was wohl auf das toxische Thujon zurückzuführen ist. Die Pflanze liefert denn auch, als vergärte Brühe angesetzt, ein wichtiges Biomittel gegen Läuse, Milben und andere Schädlinge. Die anspruchslose Wildstaude mit den zahlreichen leuchtendgelben Blütenköpfchen und dem fein zerteilten, farnartigen Laub breitet sich über Ausläufer rasch aus. Die vielseitige Verwendung macht den Rainfarn zur Schmuck- und Schnittstaude und als Böschungsbefestigung ideal. *T. vulgare* 'Crispum' ist eine weniger bekannte Sorte mit schönem, krausblättrigen Laub, die manchmal in alten Bauerngärten zu finden ist.

Auch die Eberraute aus der Familie der Artemisien hat bis zu 70 % Thujon-Gehalt, was sie zur Wäschepflege prädestiniert (vgl. Seite 73). Zu ihr gehören viele oft auch bittere Kräuter wie der Wermut, der als alkoholischer Absinth van Gogh ein Ohr gekostet hat. Einige Artemisien bezaubern vor allem durch ihre filigranen silbrigweißen Blätter wie der kaukasische Beifuss, der Teppich- und der Silber-Wermut.

Duftspuren

Genießen Sie mit allen Sinnen: Ein morgendlicher Spaziergang über taufrischen Rasen, natürlich barfuss, macht Sie munter. Manche Pflanzen sind so robust, dass sie sogar mit Füßen getreten werden können. »Schweben« Sie also auf einem nach Apfel duftenden Rasen aus Römischer Kamille *(Chamaemelum nobile)*. Sie wird zwar Laufkamille genannt, verleiht aber auch »mittelalterlichen« Sitzbänken unvergessliche Dufterlebnisse. Auch rund um einen Brunnen oder als Teppich vor einer Bank wertet sie das Gartenbild auf. Blühende Arten versamen sich, die gefüllte 'Plena' ist aber steril. Die nicht blühende Sorte 'Treneague' bildet dichte grüne Kräuterrasen, in denen Beikäuter letztendlich keine Chance haben.

KRÄUTERRASEN ANLEGEN Im Frühling wird der Boden an einem sonnigen Ort mit leichter, wasserdurchlässiger Erde und ausreichend Feuchtigkeit, wie für einen Rasen vorbereiten. Gesetzt werden 10–20 junge Pflanzen pro m^2. Wenn Sie nicht auf ihnen wandeln, können Sie ihnen mit der Heckenschere, älteren Pflanzen auch mit dem hochgestellten Rasenmäher zu Leibe rücken. Eifrige Arbeit wird mit Schnupperstunden belohnt, der »Abfall« ergänzt duftige Potpourris. (siehe Seite 70) Empfehlenswert ist auch die Kombination mit der Polei-Minze (*Mentha pulegium* 'Nanum').

Auch zwischen Steinplatten findet sich duftender Thymian gut zurecht.

THYMIANPOLSTER In trockeneren Lagen steigen auch aus Saturejakissen, Scheinquendel und Thymianpolstern Aromen auf. Thymian ist mitunter etwas frostempfindlich. Schützen Sie die immergrünen Pflanzen mit ihren rosavioletten zarten Blüten durch Reisig oder Vlies. Im Topf retten Sie sie an einen hellen Ort ohne direkte Sonneneinstrahlung. Der kriechende Zitronenthymian (*Thymus herba-barona* v. *citriodorus*) ist wegen der niedrigen, drahtigen, trittfesten Zweige die beste Duftrasensorte. Der Kaskadenthymian *(T. longicaulis)* zeigt hängende Zweige. Flach bleibt 'Magic carpet' mit dunkelrosa Blüte, höher wächst Quendel *(T. serphyllum)* und Wilder Thymian *(T. pulegoides)*, die sich gut versamen. Daneben weist Thymian Düfte von Orange bis Kümmel zum Schnuppern auf.

Kein Schattendasein

In schattigen Gärten herrscht oft eine besondere Atmosphäre. Die Pflanzen, die hier wachsen, haben allgemein keine auffälligen Blüten. Hier machen oft unterschiedliche Grüntöne und Texturen der Blätter den Reiz aus. Seltener als in der Sonne finden sich zarte Blüten, die mit dem gebotenen Licht ihr Auslangen finden und Sie mit gar nicht so zarten Düften in den Schatten bitten.

Duftende Schattengestalten

Ganz wichtig bei der Pflanzenauswahl sind die Bodenverhältnisse. Halbschattige Standorte unter Bäumen mit lockerer Krone oder am Gehölzrand lassen den täglichen Wechsel von Licht und Schatten zu und bieten damit z. B. dem Schneeglöckchen *(Galanthus)* im Spätwinter eine Heimstatt Mit der Schlüsselblume *(Primula veris:* lat. »primus« = der Erste) erwachen im Frühling die Lebensgeister der Wiesen. Die gelben, duftenden Blüten gedeihen auch unter Obstbäumen. Ihre Wurzel duftet kräftig nach Anis und Stiefmütterchen.

Ein duftendes Kleinod des Gartens ist das Duft-Veilchen *(Viola odorata)*. Lavendelblau und mit samtigen Blütenblättern erwartet Sie die äußerst betörend und dabei zierlich gestaltete 'Königin Charlotte'. Sie überwächst nicht nur wunderbar die Randsteine eines Gartenweges! Am liebsten ist ihr ein halbschattiger Standort in durchlässigem, kalkreichen Boden. Unter den weißen, rosa und gepunkteten Sorten können Sie nach Lust und Laune, aber nie ohne Duftprobe wählen.

Die zierlichen weißen Blüten der Maiglöckchen *(Convallaria majalis)* bilden einen schönen Kontrast zu den frischgrünen Blättern und verströmen auch im Schatten einen angenehmen Duft.

Der aus Japan stammende, immergrüne Ysander ist ein schattenliebender Bodendecker. Achtung giftig!

Schattige Rabatte Ein wunderbar duftendes Schattenstaudenbeet lässt sich mit einer Kombination aus Ziertabak *(Nicotiana alata)*, Türkenbundlilien *(Lilium martagon)*, Funkien *(Hosta plantaginea)* und Günsel *(Ajuga reptans)* verwirklichen. Mit Pfennigkraut *(Lysimachia nummularia)*, Balkanstorchschnabel *(Geranium macrorrhizum)* und dem duftenden Ysander *(Pachysandra terminalis)* ergänzt, schaffen Sie würzige Wohlgerüche und bringen Licht in den Schatten. Denn echte »Schattengestalten« gibt es im Pflanzenreich nur wenige.

Pflanzen mit Frischeeffekt

Belebende Minze

Mehr als 600 Minzearten und noch mehr Sorten finden sich weltweit. Den aromatischen Blättchen verdanken wir weltweit erfrischenden Genuss, ob nun als Zahnpaste, Kaugummi, Tee oder Süßigkeit. Viele der kleinen Lippenblütler sind mehrjährig und verlangen nach halbschattigen Gartenplätzen und genügend Platz, um sich ausbreiten zu können. Mit Wurzelsperren können sie im Zaum gehalten werden, brauchen als Bodenzehrer dann aber immer wieder frische Erde.

Den intensivsten Mentholgehalt hält die Pfefferminze *(Mentha piperita)* schon seit langer Zeit bereit. In Arabien und Nordafrika wird die erfrischende Wirkung der Marokkanischen Minze *(M. spicata)* als Tee sehr geschätzt. Die Briten öffneten der Minze den Weg in die Küche. Vielleicht durch indische Chutneys inspiriert, entstand die Minzsauce, der Mitteleuropäer eher skeptisch begegnen. In Frankreich wird der grüne »Sirop à la menthe« mit Minze gewürzt.

Rein mentholartig schmecken auch Sorten der Grünen Minze *(M. spicata)*, nicht aber die mildere Krauseminze *(M. crispata)*, bekannt als Spearmint. Andere Sorten erinnern kaum an das traditionelle Minzaroma, wie die Orangenminze oder die Poleiminze *(M. pulegium)*.

Die wilde Monarde duftet und schmeckt nach Bergamotte.

Treffen im Teegärtchen

Eine schöne Gestaltungsidee ist es alle Pflanzen, die für köstliche Erfrischungstees sorgen, in einem Teegärtchen zusammenzufassen. Die nordamerikanische Wilde Monarde *(Monarda fistulosa)* etwa, ist eine hohe fliederfarbene Staude, die stark nach Bergamotte (Earl Grey) duftet und als Gewürz oder Oswego-Tee verwendet wird. Zu den mentholbetonten Pflanzen zählt auch das Beikraut Gundelrebe *(Glechoma hederacea)*, eine wertvolle Heilpflanze bei Husten und Erkältungskrankheiten.

Die Bergminze *(Calamintha nepeta)* blüht lange in den Herbst hinein mit vielen kleinen Blüten und wird gerne von Bienen besucht. Auch ihre Blätter verströmen beim Reiben einen minzigen Duft.

Wassergärten

Gesund durch Wasser (lat: »sanus per aquam« = Spa): Diese altbewährte Form der Entspannung entdecken immer mehr Menschen aufs Neue. Der Quelle des Lebens kommt als beruhigendes Element besonders im Wellnessgarten eine zentrale Bedeutung zu.

Der feuchtigkeitsliebende Mädesüß verströmt bei der Mahd feuchter Wiesen süße Düfte (»Mahdsüße«).

Mittelpunkt eines »Wassergartens« kann ein Teich sein, in dem sich die Umgebung spiegelt. Von unterschiedlichen, bewegten Wasserspielen bereichert, dürfen ausgewählte Wasserpflanzen nicht fehlen. Ein edles Holzdeck zum Entspannen ist Rückzugsort und Ausgangspunkt für sinnliche Stunden. Warum sollten Sie sich hier ohne Duft vergnügen? Für jeden Platz in und um den Teich gibt es reichlich Auswahl an entsprechenden Pflanzen, deren Wohlgeruch Ihnen den Mund »wässerig« macht.

Frühling am Teich Die kleine, Ausläufer treibende und weißlich blühende Pestwurz *(Petasites fragans)*, betört manchmal schon im Januar mit Vanillearoma. Zu den duftenden und feuchtigkeitsliebenden Frühlingsblühern zählen die Frühlingsknotenblume, Narzissen und das Maiglöckchen. Die wohlriechende Aurikel *(Primula auricula)* findet man als Alpengewächs häufig in Ritzen von überrieselten Felsen. Im Spritzwasserbereich sonniger bis halbschattiger Stellen eines Wasserfalls geht es ihr besonders gut. Über fleischigen, leicht bemehlten Blättern erscheinen im Frühling die duftenden gelben Blüten.

Am Ufer fühlen sich unter anderen kleineren Pflanzen das Pfennigkraut *(Lysimachia nummularia)* und die Poleiminze *(Mentha pulegioides)* wohl. Die Bachnelkenwurz *(Geum rivale)* bevorzugt halbschattige Stellen. Von Mai bis September trägt sie auf 20–40 cm kleine, nickende Blüten. Rot oder orange gefärbt werden sie von attraktiven, federigen Fruchtständen abgelöst. Als echte Gewürznelken noch unerschwinglich waren, diente mit der Nelkenwurz *(Geum urbanum)* ein heimisches Rosengewächs als Ersatz.

Nach Orangen duften die bunten gewellten Blätter vom Eidechsenschwanz *(Houttuynia cordata)*. Der Neophyt aus Südostasien ist vollkommen winterhart und sollte unter Beobachtung bleiben, da er zu rascher Ausbreitung neigt.

Einzigartig ist der Duft des Kalmus *(Acorus calamus)*. Zerbrechen Sie ein Blatt und riechen Sie daran. Sein Wurzelstock wurde für medizinische Liköre und Magenbitter verwendet. Ähnliche Blätter zeigen am Ufer duftende Taglilien wie *Hemerocallis citrina* oder die Sumpfiris in flachen Wasserbereichen mit viel Sonne.

HOCH HINAUS Eine schöne Solitärstaude mit cremeweißen Blütenfiedern am schattigen Teichrand und in der feuchten Wiese sorgt dafür, dass es in Teichnähe nach Mandeln und Vanille duftet: Aus dem Mädesüß *(Filipendula ulmaria)* wird auch der beste Tee gegen Erkältungen oder grippale Infekte gewonnen.

Starken, fruchtigen Honigduft verbreitet die faustgroße Blütendolde der Seidenpflanze *(Asclepias syriaca)* an sonnigen Stellen in frischen bis mäßig feuchten Böden. Mit ihren wohlriechenden altrosa Blüten ist sie eine ausgezeichnete Bienenweide. Ihre seidenartige Samenhülle fand früher als Kissenfüllung Verwendung.

Prachtvoll gefärbt, duftet das Laub des Wasserdost *(Eupatorium purpureum)* im Herbst weithin riechbar nach Bittermandeln. Die Funkie *Hosta* 'Royal Standard' bildet an sonnigen Standorten Horste, die einen Meter Durchmesser erreichen können. Ihre besonders stark duftenden Blüten sind weiß.

AUF TAUCHSTATION Wasser- und Uferpflanzen tragen zum ökologischen Gleichgewicht des Teiches bei, man sollte jedoch darauf achten, dass man einen Ausgleich aus Sauerstoff zehrenden und Sauerstoff produzierenden Pflanzen schafft. Ist die Oberfläche eines Teiches zum Teil durch Schwimmblattpflanzen wie Seerosen bedeckt, dann erschwert das die unschöne Algenbildung. Denn diese brauchen um sich breit zu machen Sonnenlicht.

Spätestens seit Monets Seerosenbildern sind *Nymphea*-Arten begehrte Zuchtobjekte. Sie verströmen im Wasser ihr Aroma, solange sie keiner Strömung ausgesetzt sind. Seerosen wurzeln im Teichgrund, ihre Blätter schwimmen auf dem Wasser. Beim Gärtner wachsen sie oft in sehr flachem Wasser. Lassen Sie ihnen deshalb Zeit, längere Stiele auszubilden.

Duftende Seerosensorten

- 'Apple Blossom Pink' und 'Yellow Queen' duften ausnehmend angenehm.
- 'Fritz Junge' in rosa trägt eine leichte Anisnote.
- Die hellgelbe Blüte von 'Marliacea Chromatella' duftet auch aus kleineren Wassergefäßen.
- Die intensiv gelben 'Texas Dawn' duften zitronig.

Aus Afrika stammt die Kap-Wasserähre *(Aponogeton distachyos)*, die im Wachstum den Seerosen ähnelt, aber weiße Blütenähren aus dem Wasser reckt. Manche schätzen ihren vanilleartigen Duft, andere empfinden ihn als unangenehm. Die kalte Jahreszeit verbringen sie im Wintergarten, wo sie unermüdlich weiterblühen.

Duftende Eingänge und Wände

Gerade im Eingangsbereich sind duftende Ecken und Inseln besonders wichtig: Sie schaffen ein angenehmes Klima vom ersten Moment an! Ein windgeschützter, lichter Ein- und Ausgang ist ideal. Je sonniger und trockener es dort ist, desto intensiver werden sich die Düfte der Pflanzen entfalten können. Warme Mauern wirken als Duftverstärker der ätherischen Öle und bieten zahlreichen wohlriechenden Kletterpflanzen Halt.

Hausbäume

Duftende Bäume können uns ein Leben lang begleiten, sie erinnern an Kletter-Abenteuer oder die erste Liebe. Seit wir sesshaft sind, machen bewusst gepflanzte Bäume die Verbundenheit mit einem bestimmten Ort weithin sichtbar. Noch heute bereichern sie unsere Umgebung auf vielfältige Weise. Als Hausbäume haben sie eine lange Tradition. Sie schützten uns als natürliche Blitzableiter ebenso wie vor starken Winden oder Regenfällen und waren die Schattenspender im Sommer.

Heute trennen Hausbäume Privates von der Öffentlichkeit und sind auch gestalterisch wichtig: Bewusst eingesetzt, können sie den Charakter eines Hauses hervorheben.

Klein aber fein Kleine Gartenräume sind ideal für Bäume mit kugelförmiger Krone. Ein duftender Hartriegel-Hochstamm *(Cornus mas)* wird Sie nicht enttäuschen. Auch wohlriechenden Flieder *(Syringa vulgaris)* können Sie in Baumform ziehen. Kleinen Vorgärten oder Innenhöfen tut aber auch ein Säulen-Weißdorn (*Crataegus monogyna* 'Stricta') oder eine Säulen-Eberesche (*Sorbus aucuparia* 'Fastigiata') gut. Ist genügend Platz vorhanden, können auch größere Bäume ein Zuhause finden. Obstbäume etwa, oder eine Traubenkirsche *(Prunus padus)*, von denen der Lauf der Jahreszeiten wundervoll abgelesen werden kann: Blütenpracht im Frühjahr, Schattenspender im Sommer und Früchte und farbenfroher Blattschmuck im Herbst machen sie zu duftenden Begleitern.

TIPP **Schenken Sie bei der Auswahl Ihres Hausbaumes dem Verhältnis zwischen seiner endgültigen Größe und Kronenform und Ihrem Haus besonderes Augenmerk. Auch Blattfärbung, Früchte und Pflegeaufwand sind Faktoren, an die Sie schon vorab denken sollten.**

Immer die Wand entlang

Wer wenig Platz hat, dem liefern duftende Kletterer Wohlgerüche in den Eingangsbereich und direkt ans Haus. Die richtige Wahl der Pflanzen schafft dabei nachhaltig Zufriedenheit. Damit sie sich gut entwickeln, muss der Boden gut durchwurzelbar und wasserdurchlässig sein. Eine tief-

Duftende Clematisarten

Clematis	Blütenfarbe	Duft/Blüte	Schnitt
alpina **'Blue Princess'**	hellblau	würzig	Auslichten gleich nach der Blüte
armandii **'Appleblossom'**	rosa-weiß	Jasmin, 2–5	Auslichten gleich nach der Blüte
flammula/triternata **'Rubromarginata'**	pink	Mandeln, Vanille, 7–9	auf 20–60 cm gegen Jahresende
montana **'Elisabeth', 'Mayleen', 'Odarata' oder 'Pink Perfection'**	rosa	Vanille	Auslichten gleich nach der Blüte
montana **'Tetra Rose'**	pink	Vanille	Auslichten gleich nach der Blüte
montana **'Superba'**	altweiß	Vanille	Auslichten gleich nach der Blüte
montana **'Wilsonii'**	weiß	Schokolade	Auslichten gleich nach der Blüte
rehderiana	cremegelb	Schlüsselblumen, 7–9	Auslichten gleich nach der Blüte
tangutica **'Lambton Park'/ 'Orange Peel'**	gelb	Kokosnuss, 6–7, Nachblüte	auf 20–60 cm gegen Jahresende

gründige Bodenlockerung ist von Vorteil. Vermeiden Sie Regenschatten. Und auch im Winter soll die Kletterwand eine gute Figur machen.

HAUSWÄNDE UND LAUBEN, malerisch umrankte Sitzplätze, blütenreich umschlungene Torbögen, nacheinander zum Dufttunnel aufgereiht – Kletterpflanzen sind gewandt genug, um Gartenräume effektvoll in Szene zu setzen. Das Gute daran: Um die dritte Dimension zu erobern, brauchen sie nicht viel Platz. Bieten Sie ihnen etwas freien Boden, laufen die Kletterer zu Hochform auf und erfüllen Gartenträume auch auf kleinstem Raum. Unterschieden wird zwischen Selbstklimmern, die es mit eigener Kraft auf Mauern und Wänden schaffen, wie den Efeu und Pflanzen, die eine Kletterhilfe brauchen, wie etwa Clematis, Geißblatt *(Lonicera)* und der Strahlengriffel *(Actinidia)*. Je nach Pflanzenart bieten Rankgitter, Spaliere oder Spanndrähte Unterstützung, solange ihre Größe und Stärke auf die Wuchshöhe und Wuchsfreudigkeit der ausgewählten Pflanzen abgestimmt werden.

DUFTENDE STERNE: CLEMATIS Die Waldrebe (*Clematis* sp.) zählt wohl zu den beliebtesten Kletterpflanzen überhaupt. Die Waldrandpflanzen machen sich an halbschattigen Plätzen erfolgreich auf, um lichte Bäume, Sträucher und Kletterwände zu erobern, oder buhlen mit Rosen um Ihre Gunst. Einige Sorten warten neben ihrer Blütenfülle auch mit eleganten Düften auf. Großblumige Sorten werden 2–4 m hoch. Ihre weit gestreute Blütezeit ist art- und sortenabhängig. Die Blütenfarben reichen von weiß über rosa und rot bis zu dunklem Violett. Wildformen haben klei-

Die Clematis zählt zu den beliebtesten Kletterpflanzen. Einige Sorten erfreuen nicht nur unsere Augen sondern auch unsere Nase.

nere Blüten. Einige wachsen sehr stark und benötigen daher viel Raum, um sich zu voller Schönheit zu entwickeln.

Der Clematiswelke, einer Pilzerkrankung begegnen Sie durch Entfernen welker Pflanzenteile und durch einen beschatteten Pflanzenfuß. Ein trockener Standort entspricht ihrem Naturell ebenso wenig wie staunasse Böden.

BLAUER REGEN Unvergleichlich in Duft und Blüte ist der Blauregen, auch Glyzinie genannt, ein eindrucksvoller Kletterkünstler aus Ostasien. Der linkswindende Chinesische Blauregen *(Wisteria sinensis)* zeigt bereits ab April angenehm duftende Blütentrauben während die des rechtswindenden Japanischen Blauregens *(W. floribunda)* ab Mai gemeinsam mit großen Blattfiedern erscheinen. Um ohne Haftorgane empor zu wachsen, braucht er ein stabiles Gerüst oder einen Draht mit über 8 mm Durchmesser, denn er beeindruckt durch Wuchskraft und Masse. Der Blauregen eignet sich übrigens auch für die Kultur in Gefäßen.

Blauregen verströmt sein berauschendes Parfum aus langen attraktiven Traumblüten.

SOMMERLICHE DUFTWOLKEN Ein Kletterakrobat für halbschattige, feuchte Plätze im Garten ist das Japanische Geißblatt *(Lonicera japonica)*. Seine fruchtigen Wohlgerüche verströmt es von Juni bis September besonders abends. Die länglichen, gelblichweißen Blüten des Echten Geißblatts *(L. caprifolium)* duften im Mai und Juni besonders intensiv und süß. Auch das Wald-Geißblatt *(L. periclymenum)* lässt seinen innen gelben und außen roten Blüten von Mai bis Juli süßen Honigduft entströmen.

Ein hübscher Ranker mit schönen rosa Blütenständen ist auch die aus Südostasien stammende Fingerakebie *(Akebia quinata)*. Besonders in den Abendstunden verströmen diese einen angenehmen Duft! Die immergrüne pflegeleichte Pflanze verkürzt die blattlose Zeit immerhin ein bis drei Monate und braucht in den ersten zwei bis drei Jahren in kalten Wintern unter −15 °C einen Winterschutz. Durch Rückschnitt nach der Blüte verhindern Sie das Verkahlen.

EINJÄHRIGE KLETTERER Der Hopfen *(Humulus lupulus)* versetzt durch sein rasches Wachstum alle ins Staunen. Ab dem Spätsommer bilden die weiblichen Pflanzen aromatisch duftende Dolden, die Sie zu Zimmerschmuck, Duftkissen oder bitterem Schlaf-Tee verarbeiten können.

Mit ihren kletternden, sich windenden, nachgiebigen Ranken und den geraden Stängeln der wohlgeformten, geflügelten Blüten schaffen es einjährige Duftwicken *(Lathyrus odoratus)* an die Spitze. In allen erdenklichen Farben oder mit feinen Punkten und Streifen, sind die bis 2 m hohen Pflanzen ein bunter auffälliger Schmuck für Gehölze, Pergolen und Rankwände. Je zeitiger an hellen Standorten in nährstoffreiche und feuchte Böden gesät, desto länger entzückt die Blütenpracht uns Betrachter. Pflücken Sie diese ab, damit statt Samen immer neue Knospen gebildet werden.

TIPP **Blühfaule Glyzinien setzen Blüten an, wenn Sie die Seitentriebe in der Wintermitte auf zwei bis drei Augen und zwei Monate nach der Blüte auf fünf bis sechs Augen bzw. 15 cm über dem Hauptzweig kürzen.**

Rund um den Sitzplatz

Die »duftige« Gestaltung der unmittelbaren Umgebung des Sitzplatzes, sei es ein lauschiges Schattenplätzchen im Garten oder die Sonnenoase auf einer Terrasse, trägt sehr viel zur Entspannung und zum Wohlbefinden bei. Umso wichtiger ist es, die dort zum Einsatz kommenden Pflanzen zuvor einer ausgiebigen »Schnupper-Probe« zu unterziehen. Meist ist die Vorliebe für eine bestimmte Duftnote groß, Sie finden daher auf den folgenden Seiten Gestaltungsvorschläge für die Duftwelt Ihres Sitzplatzes nach Duftgruppen geordnet.

TIPP **Aromatische Topfpflanzen haben den Vorteil, dass sie je nach Jahreszeit leicht ausgetauscht werden können.**

Balsamische Düfte

Unbestrittene »Königin« unter den balsamischen Aromastoffen ist eine »Einwanderin« aus Mittelamerika: Dort wird der Vanille *(Vanilla planifolia)* eine herzstärkende, angstbeseitigende, belebende sowie eine aphrodisische Wirkung zugeschrieben. Der Duft der auch Kletterorchidee genannten Pflanze scheint darüber hinaus den Appetit zu zügeln. Wer abnehmen will, sollte demnach versuchen, an Vanillekipferl bloß zu riechen. Dass sie auch stimmungsaufhellend wirken soll, zeigt sich darin, dass Parfümeure in Krisenzeiten vermehrt auf die Duftnote Vanille setzen.

Zur Gewinnung des feinsten tropischen Gewürzes, werden die langen Fruchtschoten vor ihrer Reife geerntet und dann fermentiert. Nach dem Bourbon-Verfahren geschieht dies mit Hilfe von Wasserdampf. Auch in unseren Breiten können Sie manche Pflanzenschätze entdecken, die der Vanille nacheifern. Süß, weich und warm – so wirkt die Kombination der Nuancen von Zimt, Rosine, Vanille oder Weihrauch. Verführerisch wie das Schlaraffenland muten folgende Pflanzen als duftende Bestandteile einer balsamisch süßen und kulinarisch extravaganten Gartenkreation an.

Mobile Duftoase

Hoch hinaus geht es mit kopfüber in verschieden große Tontöpfe gestülpten Töpfen: Lavendel, Nelken, Oregano und Thymian ergeben eine schöne Ton-in-Ton- Bepflanzung, die noch dazu duftet.

NACH VANILLEPUDDING riecht etwa der blau-violette oder weiße Vanille-Heliotrop. Im Volksmund wird die Pflanze, die aus Peru stammt, häufig nur Vanille genannt. Für manche erinnert ihr Duft an weiße Schokolade mit Vanillearoma. Auch »Sonnenwende« genannt, verrät dieser Name eine Eigenart der 50 cm hohen Pflanze: sie dreht ihre Blätter mit der Sonne (»helios«: griech. = Sonne, »tropein« = wenden). *Heliotropium* benötigt reichlich Wasser und ein nicht zu nährstoffreiches Substrat. Seine Blütezeit geht über den ganzen Sommer bis zum Herbst. Überwintert kann die Sommerblume nur in einem hellen, kühlen Raum, nicht unter 7 °C werden.

VANILLEARTIG SÜSS duftet die schöne cremeweiße Solitärstaude Mädesüß (siehe Seite 47). Auch viele Nelkenarten, die oft trockene Standorte bevorzugen, weisen neben ihren namensgebenden Nelkendüften vanilleähnliche Aromen auf. Die Karthäusernelke *(Dianthus carthusianorum)* etwa, oder die Heidenelke *(D. deltoides)*, die Pfingstnelke *(D. gratianopolitanus)* sowie die Prachtnelke *(D. superbus)* sind auf diese Weise gern gerochene Gäste in unseren Gärten.

Die exotisch anmutenden Blüten der Schlangengurke duften ebenfalls nach Vanille.

Einen vanilleähnlichen Geruch verströmt überdies die Einhorn- oder Gämshornpflanze *(Proboscidea louisianica)*. Die Heimat dieser ca. 50 cm hohen Topf- oder Beetpflanze ist der Süden der USA. Sie trägt bizarre Früchte, die wie Paprika verwendet werden. Ihre eigenartig geformten Samenstände erinnern an die namensgebenden Gämshörner.

Balsamischen Vanilleduft verströmt der Heliotrop den ganzen Sommer hindurch.

VANILLEAROMEN Ein seltsames Gewächs ist auch die Schlangengurke *(Trichosanthes cucumerina)*. Der schnellwüchsige Ranker ist mit dekorativen, süß-vanillig duftenden Haarblumen versehen und kann in jeder guten humosen, durchlässigen Erde an geschützten sonnigen Standorten an Rankhilfen gezogen werden. Unter den Kletterpflanzen sind auch *Lonicera caprifolium* und *L. periclymenum*, viele Clematisarten und die Glyzinie *(Wisteria sinensis)* mit Vanillearomen gesegnet. Einen atemberaubenden Vanilleanteil hat auch der Nachtphlox *(Zaluzianskya capensis)*, ein begehrter Nachtdufter.

HONIGSÜSSE WOHLGERÜCHE An sonnigem Platz mit eher mineralischem Boden fühlt sich der 30 cm hohe Duftlauch *(Allium sua-*

veolens) wohl. Er trägt seine kleinen rosa Kugelblüten auf aufrechten Stielen und duftet nach Honig, wie auch die purpurnen Trommelstöcke von *Allium sphaerocephalon* oder die 40 cm hohe, bodendeckende Zypressenwolfsmilch *(Euphorbia cyparissias)*, ein schöner gelber Frühlingsblüher mit filigranem nadelartigen Laub. Auch viele Kleearten gehören in diese Duftgruppe.

SCHOKOLADETRÄUME Von einem Pflanzeneck, dem verführerische Schokolade-Düfte entströmen, geht nicht nur für »Schokoholics« ein besonderer Reiz aus. In solch einem Schlaraffenland darf sie nicht fehlen: die etwa einen halben Meter hohe Schokoladenblume (*Cosmos atrosanguineus* 'Chocomocha'). Die rotbraunen, samtigen Blüten dieser Schmuckkörbchenart besitzen ein stärkeres Zartbitteraroma als die gewöhnliche Variante und blühen von Juli bis September auf schlanken Stängeln. Sie werden die Anschaffung nicht bereuen, wenn auch die Kultur schwierig ist. Die Blüten passen gut zu limonengrünem Laub von gelbbuntem Salbei. Überwintert werden die aus Mexiko stammenden Knollen wie Dahlien.

Ebenfalls zur Familie der Korbblütler gehört eine andere Schokoladenblume: *Berlandiera lyriata* mit Milchschokolade-Düften. Dieser hübsche, gelb blühende 30 cm hohe Korbblütler hat ein ausgeprägtes Schokoladenaroma, das vor allem Kinder begeistert. Leider brauchen diese anspruchlosen Pflanzen ein temperiertes Winterquartier. Für sechs bis zehn Sommerwochen zeigen sie an der Sonne dann ihre Blütenschätze.

SCHOKOMINZE UND OVOMALTINE Der Geruch der 60 cm hohen Schokoladenminze (*Mentha piperata* 'Chocolate') erinnert ebenso wie die nur 3 cm hohe Korsische Minze *(Mentha requienii)* an Schokominzplättchen.

Eine schöne, purpurne Auslese mit langer Blüte und zartem Schoko-Blütenduft ist die Samt-Bartnelke (*Dianthus barbatus* 'atropurpureus'). Ihre Farbenpracht kommt besonders gut in einer flächigen, sonnigen Pflanzung zur Geltung.
An Ovomaltine soll der Duft der Blüten der Spanischen Schwarzwurzel *(Scorzonera hispanica)*

Die burgunderroten Blüten der Schokoladenkosmee locken mit ihrem Zartbitteraroma.

erinnern. Die Aussaat erfolgt im Frühling auf tiefgründigem, humosen Boden, wobei das stäbchenförmige Saatgut dabei nicht zerbrechen darf! In Rillen mit 30 cm Abstand 2 cm tief eingestreut, verspricht es eine reichliche Ernte.

TIPP **Wollen Sie später die milchig-klebrigen, köstlichen Wurzeln der Spanischen Schwarzwurzel in Ihre Rezepte einbauen, dann verarbeiten Sie diese unter Fließwasser!**

Und wenn Ihnen bis jetzt noch nicht das Wasser im Munde zusammengelaufen ist, genießen Sie den zarten Duft der weißen Blütentrauben der Bitteren Schleifenblume *(Iberis amara)*. Schon haben Sie ein Bild von heißer Schokolade mit Obershaube vor Augen.

Betäubende Düfte

Narkotisch schwüle Blütendüfte können fast schon aufdringlich und dadurch leicht ermüdend wirken. Im Garten aber sind aus dieser Duftfamilie, neben den im Frühling blühenden Hyazinthen und Dichternarzissen, Lilien einfach unentbehrlich.

Duft-Königinnen Für alle Lilien gilt: kühler Fuß und Kopf in der Sonne. Die untersten Blätter sollten durch Stauden beschattet werden, der Boden muss durchlässig, etwas humos und frei von Staunässe sein. Laub oder Reisig gibt im Winter Schutz. Einzelne Arten können 150 cm Höhe erreichen und brauchen deshalb windgeschützte Ecken.

Die Madonnenlilie *(Lilium candidum)* treibt jedes Jahr im Herbst eine Blattrosette. Diese gibt einem Blütenstängel im Frühling die Kraft, fünf bis 20 pollenbeladene weiße Blüten in die Höhe zu schicken. Die Zwiebel wird schon im August 10 cm tief in lehmig humose, gut durchlässige Gartenerde gepflanzt und muss bis zu fünf Jahren ungestört bleiben.

Die Blütentrompeten der majestätischen, weißen Königslilie *(Lilium regale)* sind außen rosa gefärbt. Ihr vollkommener Duft macht sie zur Pflanze für das Abschiednehmen, etwa bei Begräbnissen. Die Sorten 'Journey's End', 'Le Reve', 'Pink Perfection' und 'Star Gazer' warten mit besonderen Düften auf. Die Zwiebel dieser auffälligen Schönheiten setzt man im September etwa 20 cm tief in gut durchlässigen Boden mit Quarzsand.

Nicht alle Pflanzen-Arten vertragen kalkreichen Boden – Madonnenlilien lieben ihn.

Besondere Kostbarkeiten Schon mit dem Namen Jasmin werden schönste Blütendüfte assoziiert. Die weißen Blütenbüschel des bis zu −15 °C winterharten *Jasminum officinale* erfüllen in der Provence die Abende mit honigartig süßem, blumigen Duft mit fruchtig-würzigen Untertönen. Für ein Kilo Jasminblütenöl werden neun Millionen Blüten benötigt, was seinen Marktwert erklärt.

Duft liegt auch bei uns in der Luft, wenn er die Fensterbank ziert. Im Sommer sollen Sie den Jasmin reichlich gießen und im Garten genießen. Im Winter verlangt er Temperaturen um 10 °C. Als Zimmerpflanzen können Sie Teejasmin *(J. sambac)* und Gardenien halten. Lange Freude haben Sie an ihnen nur bei kalkfreien Wassergaben.

Überwältigender Duft wird von den wachsweißen Blüten der Tuberose (Polyanthes tuberosa) aus der Agaven-Familie produziert. Ihr Duft ist so kostbar, dass er in Gold aufgewogen wird. Die Ernte der empfindlichen Blüten findet im Sommer vor Sonnenaufgang statt. Ihre Ruhezeit verbringen die Knollen frostfrei und trocken.

Frische Citrus-Aromen

Als sie Alexander den Großen auf seinem Asienfeldzug begleiteten, staunten die Gelehrten nicht schlecht: Sie fanden einen Baum, der gleichzeitig durch immergrüne Blätter, duftende Blüten sowie

Das frische Aroma der Zitrone findet sich auch in heimischen Pflanzen wieder.

goldene Früchte beeindruckte. Wertvolle Citruspflanzen versinnbildlichen seitdem den Frühling und wurden in prächtigen Orangerien gezogen. Heute bringen immer mehr Wintergärten die vitaminreiche Familie in unsere Breiten, die frischen Düfte ihrer Blätter und Blüten entführen in den Mittelmeerraum. Im Winter brauchen sie den hellsten Platz und 5–10 °C. Citrusöle werden aus Bergamotte, Zitrone, Grapefruit, Limette, Mandarine, Orange und anderen gewonnen.

HEIMISCHE CITRUSDÜFTE Auch im Garten wetteifern viele Zitronendufter um Ihre Aufmerksamkeit: Züchter bieten Zitronenthymian (*T. pulegioides* 'Citriodorus'), Zitronenminze (*Mentha gentilis* var *citrata*), Zitronenduftgeranien oder Zitronentagetes an. Schon Karl der Große schätzte die Zitronenmelisse *(Melissa officinalis)* als Teil jedes Klostergartens. Die entspannende Wirkung von Melissengeist ist hinlänglich bekannt und als Sirup haben die Blätter frisches Aroma. Mit auffällig hübschem, rosa Blütenstand verdient auch die Zitronenmonarde *(Monarda citriodora)* Aufmerksamkeit. Sie stirbt nach der Blüte zwar ab, sät sich aber aus. Auch der mehrjährige Diptam *(Dictamnus albus)* duftet auf kalkreichen sonnigen Standorten ebenso stark zitronig wie die Nachtkerze *(Oenothera biennis)*.

WINTERSCHUTZ ERFORDERLICH Ein Liebling vieler Kräuterfreunde ist die mediterrane Zitronen-Verbene *(Lippia citriodora)* mit zarten Blüten. Mit ihr als köstlichem beruhigenden Tee oder Likör klingt der Tag angenehm aus. Ihr Duft kommt auch als Eau de Toilette oder Shampoo zur Geltung. Die mehrjährige Pflanze kann frostfrei und dunkel überwintern. Das Zitronen- oder Lemongras *(Cymbopogon citratus)* schmeckt exotisch. Sie können es mehrjährig an einem hellen Standort im Haus halten. Als Citronella schützt das über einen halben Meter hohe, etwas struppige Gras auch gegen Gelsen. Der Zitroneneukalyptus *(Eucalyptus citriodora)* braucht extrem warme Sommerstandorte, überwintert aber bei nur 5 °C.

Der Diptam ist der einzige heimische Vertreter der Familie der Rautengewächse.

Geheimnis-umwitterte Aromen

Nicht nur der Geschmackssinn, auch der Geruchsinn lässt sich trainieren. Wem der enorme Blütenreichtum mit seinen unterschiedlichsten Wohlgerüchen noch zu wenig ist, für den bieten sich weitere Trainingsmöglichkeiten: So können Sie sich auch an Ästen und Zweigen, an Hölzern und Harzen olfaktorisch ergötzen. Manche Aromapflanzen müssen erst trocknen, um ihre Düfte zu offenbaren, für andere wiederum muss man sich gar unter die Erde begeben, um sie für sich zu entdecken.

Düfte zum Klebenbleiben

Muskatellersalbei

Angenehm holzige, etwas harzige Aromen liefern unter anderem Nadelbäume wie Kiefer, Fichte, Pinie oder Zypresse. Orientalische Wohlgerüche hingegen erinnern an warme, körperähnliche Düfte aus Tausend und einer Nacht: Assoziationen mit exotischen Blüten, Gewürzen, Balsamen, Harzen und animalischen Komponenten werden von diesen Pflanzen geweckt.

Balsam oder Harz?

Balsame sind zähflüssige und klebrige Exkrete, die zumeist an Wundstellen von Pflanzen austreten. Vereinzelt werden diese duftenden Substanzen auch von Pflanzen ausgeschwitzt. Sie sind natürliche Lösungen fester Harze (»Resine«) in ätherischen Ölen. Ob Balsam oder Harz entscheidet also nur der Gehalt an ätherischem Öl.

In einer Kiefernadel entstehen Harzkanäle, wenn sich junge Zellen teilen. Harze dienen dem natürlichen Wundverschluss, der auch Harzfluss heißt. Wie ätherische Öle lassen sich Balsame und Harze nicht in Wasser, aber in Äther oder auch in Alkohol lösen. Zu den bekannten Harzen zählen Bernstein, Weihrauch, Myrrhe und Benzoe.

Haftende Dufterlebnisse

Wer beim Dufterlebnis seine Hände mit im Spiel hat weiß, dass gewisse Düfte durch Harze und klebrige Sekrete besonders lange auf der Haut haften bleiben.

Harzige Salbeiaromen ~ So hat etwa der Klebrige Salbei *(Salvia glutinosa)* bei näherer Betrachtung mit einem wunderbaren Aroma aufzuwarten, das man einfach möglichst lange an der Hand haben mag. Er kommt in Laub- und Mischwäldern in den Gebirgen Mittel- und Südeuropas vor und gedeiht vor allem im Schatten und Halbschatten. Die 50–120 cm langen Stängel und ihre Blätter und Blüten sind klebrig behaart, was vermutlich einen Schutz gegen Fressfeinde darstellt. Gut, dass uns seine Düfte so länger erhalten bleiben.

Leider nur Temperaturen bis −3 °C verträgt der Peruanische Salbei *(S. discolor)*, der ebenfalls mit klebrigen balsamischen, jedoch mehr schwarz als violetten Blüten auffällt. Die auf der Unterseite silbrig schimmernden aromatischen Blätter wachsen auf der attraktiven Pflanze bis 90 cm Höhe.

Der Muskatellersalbei *(S. sclarea)* duftet stark und herb, gleichzeitig aber warm, würzig und leicht harzig. Die imposante bis 1,30 m hohe schöne Solitärpflanze liebt sonnige Standorte und verträgt auch Trockenheit. Erst im zweiten Jahr zeigt die Heil- und Gewürzpflanze schöne blasslila Blütenstände, die als Hochblätter sehr lange farbig bleiben. Sein Duft, die Vorstufe zur Herstellung amberähnlicher Aromastoffe, wirkt seelisch und körperlich entkrampfend und entspannend, erinnert jedoch manche Nase an Schweiß.

Immergrüne Zistrosen ❧ (*Cistus incanus* ssp. *tauricus* bzw. *Cistus ladaniferus*) sind ebenfalls an Trieben und Blättern oft klebrig und flaumig behaart. Sie duften herb-aromatisch und spenden mediterranen »Macchien« einen Teil ihres weit ins Meer hinaus strömenden Duftes. Ihre Blüten ähneln leicht zerknitterten Wildrosen in weiß, rosa und rot mit betonter Mitte. Sie sehen nicht nur zerdrückt aus sondern sollen auch bedrückten Seelchen wieder auf die Beine helfen. Die Zistrose braucht einen warmen, sonnigen, windgeschützten und frostsicheren Standort auf durchlässigem, eher sandigen Boden. Ein Rückschnitt um die Hälfte im April hält sie buschig. Aus der Zistrose gewinnt man das »Ladanum-Harz«, ein wichtiges balsamisch-vanilleartiges Produkt für die Parfumindustrie, das früher aus harzverklebtem Ziegenhaar gerettet wurde. Vermutlich handelt es sich bei diesem Harz um die Myrrhe des Alten Testamentes. Das sehr intensive Öl entfaltet seinen schönen Duft nur, wenn es stark verdünnt wird.

Der »König der Kräuter«, ❧ der wohlriechende Odermennig *(Agrimonium eupatoria)* ist eine heimische, gerbstoffhaltige Volksheilpflanze auf lockeren Böden, sonnigen Böschungen und an Waldrändern. Die gelben, schwach duftenden Blüten verwandeln sich bei der Fruchtbildung in kleine »Kletten«. Der würzig-harzige Duft der Blätter mit leicht bitterer Note und die großen gelben Blüten, gehen auch nach dem Trocknen nicht verloren und sind deshalb für Potpourris gut geeignet. Ab April können Sie ihn an halbschattigen Standorten aussäen, müssen ihm aber Zeit zum Keimen lassen.

Pflegeleichte, dekorative Feigen ❧ *(Ficus carica)* lieben als Kübelpflanzen warme, sonnige Plätze ohne pralle Mittagssonne. Geschützt vertragen sie je nach Sorte −16 °C und weniger, was mitunter einen Versuch der Auspflanzung wert ist! Im Winterquartier können Sie die Wassergaben stark reduzieren. Das getrocknete Laub riecht ganz köstlich balsamisch. Wen wundert es da, dass schon Adam und Eva ohne Feigenblätter nicht auskommen konnten.

Weihrauch und Myrrhe ❧ Die duftenden orientalischen Schätze Weihrauch und Myrrhe sind zumindest eine Erwähnung wert. Beide sind Harze, die von langsam wachsenden Bäumen gewonnen werden: *Boswellia corteri* und *Commiphora myrrhi.* Ihr natürliches Vorkommen liegt in Arabien und Somalia, wo sie sowohl der Wüste als auch deren Winden trotzen. Andere fremde, holzig orientalische Düfte liefern die Harze des Perubalsams, Hölzer des ostindischen Sandelbaumes sowie Guajakholzöl aus Südamerika.

Einzelne Feigensorten vertragen auch unser Klima.

Grüne Gras- und Laubdüfte

Labkraut

Wen wundert es, dass die Farbe Grün für Hoffnung, Wachstum und Leben steht. Versetzen doch grüne Düfte angeblich die Luft in Schwingungen. Besonders der Wohlgeruch von frisch gemähtem Gras und Heu begleitete uns früher durch den Sommer. Doch auch aromatische Blätter warten mit einer wohlriechenden Brise auf. Zwar sind es keine vordergründigen, intensiven Düfte, doch gerade das macht es spannend sie zu entdecken.

Erst trocknen lassen

Erst beim Trocknen wird aus einer anfangs geruchs- und geschmacksfreien Stammsubstanz der aromatische Stoff Cumarin abgespalten, der für den süßen, würzig-charakteristischen Heuduft verantwortlich ist.

Das Ruchgras oder Duftgras *(Anthoxanthum odoratum)* ist vielleicht nicht das attraktivste Gras. Getrocknet aber verleiht es dem Heu seinen besonderen Duft. In mageren Büscheln findet man es da und dort noch an kalkfreien Standorten. Die Horste sind nicht sehr winterhart und die Pflanzen säen sich nur schwach aus. Mit den im Schatten getrockneten Blättern können Sie Duftkissen füllen.

Das Mariengras oder Heiliggras *(Hiërochloë odorata)* gedeiht an feuchtebetonten Plätzen in Europa. Früher wurde das aromatisch duftende Gras an Festtagen vor die Kirchentüren gestreut und zum Räuchern verwendet. Wie das Ruchgras verströmt es getrocknet einen intensiven Cumaringeruch. Es wird auf wechselfeuchten bis nassen und moorigen Wiesen von Nachbarn im Zaum gehalten. Auf guten Gartenböden aber müssen Sie es gut im Auge behalten, denn sein Ausbreitungsdrang ist groß.

Labende Kräuter

Labkraut enthält Labferment, das Milch zum Gerinnen bringt, um Käse herzustellen. Das Duftende Labkraut *(Galium odoratum)*, auch Waldmeister genannt, wächst in Laubwäldern oder im Garten unter Laubbäumen.

TIPP ❧ **Bei der Waldmeisterbowle sollten Sie darauf achten, nur sparsam zu würzen und das Kraut nicht zu lange ziehen zu lassen, sonst gibt es Kopfschmerzen.**

Das Echte Labkraut *(Galium verum)* findet sich auf nährstoffarmen Wiesen. Die gelben Blüten duften nach Honig, das getrocknete Laub enthält Cumarin. Schon vorchristliche Hebammen verwendeten es zusammen mit Quendel, Frauenmantel, Dost, Johanniskraut, Beifuss, Schafgarbe und Engelwurz zur Desinfektion. Mit der Christianisierung wurden die Kräuter Maria unterstellt und zur Marien-Kräuterweihe fehlte Labkraut früher in keiner katholischen Kirche. Ein weiteres traditionelles Lab- und Würzkraut ist der intensiv duftende Brotklee/Schabzigerklee *(Trigonella caerulea)*. Sein getrocknetes, gemahlenes Laub und die Samen werden als Cumarin-Gewürz den Käse und für Fladen- und Roggenbrote verwendet. Seine blauen, duftenden Blüten sind eine wahre Bienenweide. Das aromatisch herbe, bis 1 m hohe Kraut regt Appetit und Verdauung gleichermaßen an.

Duftender Blätterwald

Die Blätter und Blütenknospen der Schwarzen Johannisbeere *(Ribes nigrum)* werden als Cassis nicht nur in fruchtigen Parfümnoten mit Moschusnote verwendet, sondern sind ein köstlicher, unverzichtbarer Aromaspender im selbstgemachten Zitronensaft. Da die Pflanze feuchte Sommerböden liebt, sollten Sie selbst bei Mulchabdeckung für ausreichende Bewässerung sorgen.

Die heimische Weißpappel *(Populus alba)* besitzt balsamisch aromatische Blattknospen bzw. junge Blätter, die zu Großmutters Zeiten noch zum Aromatisieren von Schnäpsen dienten.

Birkenlaub *(Betula pubensens)* wird wegen seines Duftes auch in finnischen Saunen eingesetzt, wo es beim vielgeliebten Aufguss als aromatischer Wedel zum Einsatz kommt. Aus Birken wird aber auch duftiges Birkenteeröl hergestellt.

Königliche Walnuss ~ Wenn der Herbstwind das Laub von den Bäumen fegt, dann sieht man wieder kopfübergebeugte Menschen, die duftendes Laub mit Füßen zur Seite streifen. Sie suchen die königliche »Jupiter geweihte Frucht« die Walnuss *(Juglans regia)*. Bis zu 35 cm groß werden die aromatisch duftenden Fiederblätter der Walnussgewächse. In schwach sauren bis alkalischen und eher lehmigen Böden verträgt der frostharte Baum auch das Stadtklima gut. Die Höhe von 20 m, die er erreichen kann, ist in kleinen Hausgärten aber leider oft fehl am Platz.

Würzige Blattdufter ~ Die Blätter der mitunter noch im November blühenden Bartblume *(Caryopteris clandonensis)* setzten balsamische, angenehm würzige Wohlgerüche frei. Auch das herbstlich gelb bis kaminrot gefärbte Laub des hitze- und trockenempfindlichen Kuchenbaumes *(Cercidiphyllum japonicum)* ist das Beschnuppern wert. Wie der Name verrät, verströmt der Baum aus Japan von Okt.–Nov. bei genügend Luftfeuchtigkeit einen Duft nach Zimt und Karamell.

Am Gewürzstrauch duftet einfach alles: Blätter, Blüten und seine Rinde.

Ein besonderes Gehölz ...

... für sinnliche Erfahrungen an warmen Abenden, ist der Gewürzstrauch *(Calycanthus floridus)*. Wenn Sie über seine Blätter und die Rinde streichen, entfalten sich seine ätherischen Öle, die an Sommerabenden würzige Wohlgerüche verströmen.
An einem nicht zu schattigen und zu trockenen, geschützten Standort wird er bis zu drei Meter hoch. Im Juni erscheinen die nach Erdbeeren duftenden dunkelrotbraunen Blüten. Das getrocknete Holz duftet stark nach Gewürznelken.

Aromatische Samen und Wurzeln

Würzige Samen

Papiertrocken muss er sein, damit Sie ihn sammeln können: der duftende Samen zahlreicher Gartenpflanzen. Meist ist die Ernte ja ein Spiel mit der Zeit. Einmal in Papiersäckchen gerettet, kann auch hier noch die letzte Feuchtigkeit verdunsten. Und nicht vergessen: ausführliches Beschriften!

FENCHEL ~ Ein schöner Gartenbegleiter ist neben dem Dill auch der leicht süßlich duftende Rotblättrige Fenchel *(Foeniculum vulgare Purpureum)*. Die Früchte, die aus den gelben Dolden entstehen, werden meist als verdauungsfördernde »Fenchelsamen« verkauft. Sie behalten die Farbe auch nach dem Trocknen, Samen von bester Qualität weisen das intensivste Grün auf. In Italien wird Fenchelpollen als teures, exklusives Gewürz, das so genannte »Engelsgewürz« verwendet.

ANIS ~ Die süß-duftenden Samen des einjährigen Anis *(Pimpinella anisum)* aus der Familie der Doldenblütler können Sie als Süßspeisengewürz, aber auch für Gemüseeintöpfe, Marinaden oder Brot verwenden. Liköre wie Raki, Ouzo oder Pastis brauchen ebenfalls sein Aroma. Anisöl wird in Mundwässern und Zahnpasten verwendet, da es ein erfrischendes Aroma besitzt. Anis gedeiht in unseren Breiten nur auf Böden, die gut wasser- und luftdurchlässig sind, die sich schnell erwärmen und wo auch gerne viele Beikräuter wachsen. Im Herbst werden die ungleichmäßig abreifenden Früchte geerntet.

KAROTTE ~ Das herbe, erdige, würzige Öl der Karottensamen *(Daucus carota)* hilft gut bei Vernarbungen und der Regenerierung der Haut. Die Karotte ist ein zweijähriges Doldengewächs. Karotten fühlen sich bei sonnigem Standort und lockerem, fruchtbaren Boden wohl. Nach der Blattrosette, folgt im zweiten Jahr der verzweigte, behaarte Blütenspross mit flachen Doppeldolden aus kleinen weißen Blüten von Juni bis Oktober. Typisch für die Karotte ist die einzelne schwarz-rote Mohrenblüte in der Doldenmitte. Zur Fruchtzeit zieht sich die Dolde wie ein Nest zusammen und bildet 4 mm lange rauhaarige Doppelfrüchte.

KORIANDER ~ *(Coriandrum sativum)* ist eine einjährige Pflanze mit hellgrünen Fiederblättern und festen Stängeln. Sie wächst bis 2 m hoch und entwickelt von Juni bis August weiße bis rötliche Doldenblüten. Die gelb-braunen Früchte sind je nach Sorte 2 bis 5 mm groß. Von jungem Anis unterscheidet sich Koriander durch seinen fast wanzenartigen Geruch. Koriander hat keine besonderen Ansprüche an Boden und Klima. Bis September lässt sich das Kraut vor der Vollreife ernten. Das aus dem Samen gewonnene Öl riecht angenehm würzig, warm und leicht blumig.

Wurzelwerk & Co

Auch in der Erde verborgen »verstecken« sich duftende Pflanzenteile. Aus der Tiefe hervorgeholt, kommt uns mancher Duft überirdisch vor.

Duftender Kalmus ∾ Überall wo das aromatische Würzrohr *(Acorus calamus)* wächst wird es seit dem Altertum medizinisch und rituell gebraucht. Schon beim Reiben oder Brechen des Kalmus entweicht sein schwerer Geruch. Als pulvriger Glücksbringer wird er vor die Eingänge gestreut. Die ausdauernde Sumpfpflanze trägt neben irisähnlichen Blättern einen grünlichen Blütenkolben. Sein wohlriechendes, längliches, rötlich-weißes Rhizom wird gerne in Kräuterlikören verwendet.

Die Wurzel des schilfartigen Kalmus duftet erdig-herb.

Vielfarbige Iris ∾ Seit Jahrhunderten verbindet man die Iris *(Iris germanica florentina)* mit dem Regenbogen und süßlich duftenden Blüten. Als »Veilchenwurzel« ist sie seit etwa 1500 bekannt. Das wohlriechende Rhizom der natürlichen Hybride fand in Zahnpulvern und Duftstoffen Verwendung. Heute wird es als hervorragendes Fixativ für Düfte geerntet. Ihren endgültigen Duft entfalten die Wurzeln aber erst nach Jahren der Lagerung. Weil der Regenbogen in der Antike die Sterbenden begleitete, wurde die Iriswurzel in Räucherungen benutzt, um ihnen den Weg in die andere Welt zu erleichtern.

Herber Baldrian ∾ Vielleicht nicht den angenehmsten, jedoch sehr typischen herben Geruch verbreitet der feuchteliebende Baldrian *(Valeriana officinalis)*. In Indien wird er zu Parfüm verarbeitet. Im Kräuterkissen sorgt er in Bettnähe für guten Schlaf. Bereits die frische Wurzel entwickelt, die getrocknete Wurzel jedoch verströmt den typischen Baldriangeruch, den Katzen so lieben.

Wohlriechende Wurzelgemüse ∾ Die Nachtkerze *(Oenothera biennis)* war früher in Europa durch ihre Verwendung als Wurzelgemüse weit verbreitet. Auch ihre Blätter und Blüten sind essbar, aus den Samen wird das wertvolle Nachtkerzenöl gewonnen. Ein Riese ist der Echte Alant *(Inula helenium)*. Auch seine Wurzeln mit modrigem Aroma wurden roh oder gekocht gegessen und in erster Linie als Heilmittel eingesetzt. Das Süßholz *(Glycyrrhiza glabra)*, ein mehrjähriger blassvioletter Schmetterlingsblütler hat stark duftende Wurzeln, aus denen durch »Süßholzraspeln« Lakritze hergestellt wird.

Aus der Baldrianwurzel wird das bekannte natürliche Beruhigungsmittel gewonnen.

Alltag mit Duft

Das Leben stellt oft hohe Ansprüche an uns: Körper und Seele geraten aus dem Gleichgewicht. Wie gerne ziehen wir uns da in die Vertrautheit unserer vier Wände zurück. Räume, Möbel, Farben, Licht und die Welt der Düfte lassen uns zur Ruhe kommen. In angenehm duftenden Räumen fühlen wir uns wohl und behaglich. Die Raumbeduftung ist eine Kunst mit vielen Facetten. Die Grundregel lautet dabei: Ein Duft, der sich nicht aufdrängt, entfaltet die beste Wirkung.

Duftstoffe gewinnen

Duftstoffe kommen überall in der Natur vor und werden aus verschiedensten Pflanzenteilen gewonnen. Vielfach baut man sie heute auch im Labor als »Substitute« nach. Meister ihres Fachs kreieren dort aber auch Düfte, die es in der Natur nicht gibt oder die noch nicht gefunden wurden. Die wichtigsten Verfahren zur Gewinnung natürlicher Duftbausteine arbeiten nach altbekannten Methoden: Ätherische Öle werden durch Auspressen, Wasserdampfdestillation oder Extraktion aus verschiedenen Pflanzenteilen konzentriert. Die dabei entstehenden Gemische mehrerer chemischer Substanzen verdunsten im Unterschied zu fetten Ölen ohne Rückstände.

Die Methoden

EXPRESSION wird vor allem zur Gewinnung von Citrusölen eingesetzt. Z. B.: Orangenöl aus Fruchtschalen, Neroliöl aus Blüten, Petitgrainöl aus Blättern und Zweigen des Orangenbaumes.

DESTILLATION Die gängigste Methode zur Duftölgewinnung ist die Destillation mit Wasserdampf oder flüchtigen Lösungsmitteln. Die Zerkleinerung des Material erhöht die Oberfläche für das Austreten der Öle.

ENFLEURAGE Bei diesem Verfahren wird der Duftstoffextrakt mit Hilfe tierischer Fette gewonnen, was in Europa bereits der Parfümgeschichte angehört.

EXTRAKTION Bei dieser gängigen Methode werden aus frischen Blüten und Blättern mit flüchtigen Lösungsmitteln Duftstoff, Wachse und Farbstoffe extrahiert. Nach Abdampfen des Lösungsmittels liegt eine Wachsmasse *(Essence concrete)* vor. Sie wird in Seifenparfüms verwendet. Nach deren Weiterbehandlung mit Alkohol, der die Wachse entzieht, entsteht in geringer Ausbeute die kostbare *Essence absolue.*

Duftwasser

Als Parfüm wird nur das *Extrait* bezeichnet, der höchste Anteil von Duftessenz im Lösungsmittel Alkohol. Alle niedrigeren Verdünnungsgrade werden *Eau* (Wasser) genannt, obwohl sie hauptsächlich aus Alkohol bestehen.

Name	Extraktanteil
Eau de Cologne (Kölnischwasser)	3–5 %
Eau de toilette	4–8 %
Eau de parfum (Parfum de toilette)	8–15 %
Extrait/ Extrakt	max. Konzentration

Mit Düften unterwegs

Kaffee soll schon Homer beim Verfassen der Odyssee geholfen haben. Und auch Tee ist ein wohlbekannter Muntermacher. Aber auch in Ihrem Garten warten allerlei aktivierende Düfte auf Sie. Die Vielfalt an Duftpflanzen in den alten Bauerngärten wurde eher für medizinische als für kulinarische Zwecke genutzt. Viele unserer heutigen Schmuckpflanzen waren ursprünglich Heilpflanzen: Pfefferminze, Krause Minze, Eberraute, Melisse, Lavendel, Balsamkraut, Rainfarn oder Ysop. Bis heute sichert ihnen ihr guter Geruch den Platz im Kräuterbeet. Oft hat man aber vergessen, wozu die Pflanzen eigentlich dienten.

Riechsträußchen

Vom Alpenraum bis an die Nordsee trugen Bäuerinnen in ihr Gebetbuch gelegt Eberraute, Weinraute, aber auch den aromatische Ysop. Während der Predigt labten sie sich an ihrem Duft, um nach Stunden harter Arbeit nicht einzunicken.

Marien- oder Bibelblatt nennt man das Balsamkraut *Chrysanthemum balsamita* in manchen Gegenden. Auch von dieser Pflanze, die zunehmend in Vergessenheit gerät, wird erzählt, dass die Bäuerinnen ihre silbriggrünen Blätter als Lesezeichen verwendeten. In alten Zeiten parfümierte man mit den ovalen nach Spearmint duftenden Blättern auch das Waschwasser. Der frische, angenehme Balsamduft entsteht wenn Sie die Blätter zwischen den Fingern zerreiben und geht auch beim Trocknen nicht verloren. Daher eignet sich das Marienblatt als besondere Zutat für duftende Potpourris oder zur Aromatisierung von Kleiderschränken.

TIPP **Wenn Sie Blattdufte lieben, ist eine Gartenecke für das unscheinbare Balsamkraut mit seinen gänseblümchenähnlichen Blüten auf alle Fälle zu reservieren.**

Rowdy oder Schnecke

Ganze Wälder an Duftbäumen baumeln heute zur Erfrischung im Auto. Dabei führen die flüchtigen organischen Verbindungen oft nur zu Kopfschmerzen, Schleimhautreizungen oder Allergien. Nicht aus Pappe sind hingegen natürliche pflanzliche Duftperlen: Nach einer Studie des britischen »Royal Automobile Club« sind Gerüche wie Kamille, Jasmin und Lavendel im Auto ein Sicherheitsrisiko, da sie den Fahrer zu sehr entspannen. Auch der Geruch von frisch geschnittenem Gras ist riskant, soll er doch zu Tagträumereien verleiten und durch das erzeugte Gefühl von Freiheit den Gasfuß immer schwerer werden lassen. Zu den konzentrationsfördernden Gerüchen, nicht nur im Auto, zählen hingegen Zitrone oder Kaffee. Sie unterstützen das klare Denken. Auch Zimtgeruch fördert die Konzentration und der Duft von Pfefferminze macht auch Autofahrer weniger reizbar.

Duft liegt in der Luft

Wir halten uns gerne dort auf, wo es angenehm riecht und benutzen Düfte, um unsere Umgebung noch angenehmer einzurichten.

Rauchzeichen

Lange bevor es Menschen möglich war, duftende Essenzen durch Destillation zu gewinnen, setzte man Pflanzendüfte »per fumam« (lat. »durch den Rauch«) frei, indem man Hölzer, Harze und Kräuter auf heiße Steine oder in die Glut legte. Räuchern wurde zu einer Art »duftender Post«, mit der man Wünsche und Gebete gen Himmel zu den Göttern schickte. In langen Winternächten glaubte man im Heulen des Winterwindes die Begleitmusik der Dämonen auf der Suche nach verirrten Seelen zu erkennen. Dagegen sollten Rituale wie das Räuchern wirken. Hinter unseren Weihnachtsbräuchen stecken, so betrachtet, heidnische Ursprünge.

Immer gezielter kam das Räuchern für religiöse, magische und heilerische Zwecke zum Einsatz. Stark duftende Zweige wurden bereits von Persern, Griechen und Römern in Krankenzimmern und bei Ausbruch von Epidemien verbrannt um »schlechte Dünste« zu vertreiben.

Der Luxus des Flüchtigen

Duftlampen und Duftzerstäuber sind heute überall erhältlich und es ist ein Leichtes, mit Ihnen angenehmen Wohlgeruch nachhause zu bringen. Auch Raumsprays mit natürlichen ätherischen Ölen gibt es inzwischen. Eine Raumbeduftung mit natürlichen ätherischen Ölen reduziert in »ansteckenden Zeiten« Keime in der Atemluft und verspricht bei Infekten des Atemtraktes viel Erfolg. Auf diese Jahrtausende alte Tradition greift die Aromatherapie zurück. Auch noch aus der bescheidensten Kammer machen edle Duftkerzen, feine Raumparfums oder Potpourris einen eleganten Salon: Erst wenn die Düfte so zart sind, dass Sie nur mehr von Atmosphäre sprechen können, wird ein Zimmer zum Raum duftiger Erfahrungen. Nichts wirkt vertrauter und gemütlicher, nichts möbliert ein Zimmer diskreter und vielschichtiger als ein Duft.

Raunächte-Räuchermischung

- 1 Teil Beifuss
- 1 Teil Engelwurz
- 1 Teil Fichtenharz
- 1 Teil Salbei
- 1 Teil Wacholder

Ein hitzebeständiges Gefäß mit Sand füllen und brennende Räucherkohle auflegen. Glüht diese, das Räuchergut aufstreuen.

Düfte bewahren

Sommersouvenirs

Getrocknete Blüten, Kräuter und Fruchtschalen lassen wenn die Schneeflocken vom Himmel rieseln, als dekorative, mild duftende Erinnerung wärmere Tage aufleben und erfüllen das Haus mit aromatischen Wohlgerüchen.

GETROCKNETE STRÄUSSE Ob als geordnetes Biedermeiersträußchen oder als wildes Bouquet – verschiedene duftende Blumen, Blätter, Kräuter und Gräser (wie z. B. Frauenmantel, Lavendel, Hopfen, Immortellen, Mimosen, Pfingstrosen, Rosen oder Schafgarben) können getrocknet und miteinander arrangiert werden, um später an der Eingangstür, an Bettpfosten oder Badezimmerschränken zum duftenden Einsatz zu kommen. Trockensträußchen eignen sich auch als nettes Mitbringsel, das jedem Geschenkpäckchen eine persönliche Note verleiht.

Wenn Sie frische Blumen mit einer Schnur zu kleinen Duftsträußchen oder Kränzen binden wollen ist es am Besten, diese vorab kopfüber an einem dunklen, warmen Ort an der Luft trocknen lassen. Einzelne Blüten, Kräuter und duftende Blätter können Sie auch nahe einer Heizung auf Zeitungspapier auflegen und so trocknen.

Hortensien hingegen trocknen schöner, wenn Sie diese in ein wenig Wasser trocknen lassen. Das Geheimnis des Trocknens ihrer Blüten liegt im Zeitpunkt der Ernte. Diese sollten sich schon an der Pflanze papierähnlich anfühlen.

TURBOTROCKNEN Das Trocknen von Blüten können Sie beschleunigen, indem Sie diese in luftdicht verschließbaren Behältern in körniges Silicagel (Blaugel), Katzenstreu oder Borax legen. Füllen Sie ein Gefäß zu ⅓ mit Silicagel, drücken Sie runde Blütenköpfe mit dem Stiel hinein und bedecken den Rest ganz. Flache Blütenteller legen Sie umgekehrt auf. Die Pflanzen dürfen nur trocknen und nicht brüchig werden. Silicagel finden Sie im Drogeriehandel. 20 Minuten bei 120 bis 150 Grad im leicht geöffneten Backofen macht das feuchte rosa Silicagel wieder blau.

PRESSEN Einige Blüten und Blätter können Sie auch pressen. Statt einer speziellen Blumenpresse leisten Telefonbücher gute Dienste. Feigenblätter etwa geben erst gepresst ihr volles Duftaroma ab.

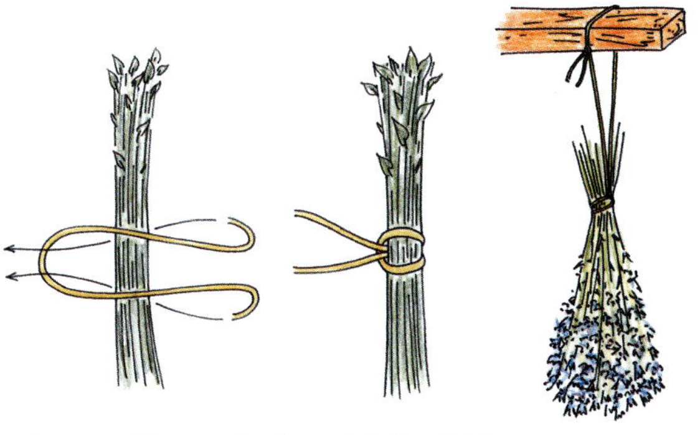

Hängt man Blumen mit dieser einfachen Schlinge zum Trocknen auf, ist es ein Leichtes, den Feuchtigkeitsverlust der dorrenden Stängel mit einem Handgriff auszugleichen.

Potpourris

Eine wunderbare Möglichkeit, sommerliche Düfte zu konservieren, sind sogenannte Potpourris. Die duftenden Mischungen von Kräutern und Blüten, die ihre natürlichen Düfte aus schönen Keramik- oder Glasgefäßen freigeben, sind eine lohnende Alternative zu künstlichen Frischluftsprays. Die Tradition sie aufzustellen, kommt vermutlich über England aus Indien.

Ansetzen kann man die Zutaten nach unterschiedlichsten Rezepturen, wobei man grundsätzlich zwischen dem trockenen und dem feuchten Potpourri unterscheidet. Obwohl man ein trockenes Potpourri leicht und schnell herstellen kann, ist sein Duft bei weitem nicht so stark und ausdauernd, wie der eines feuchten Potpourris. Bei diesem behalten die nur teilweise getrockneten Zutaten viel intensiver ihre wunderbar aromatischen Öle. Die Fertigstellung eines feuchten Potpourris kann jedoch von zwei Wochen bis zu mehreren Monaten benötigen.

In liebevoll zusammengestellten und arrangierten Potpourris lebt der Sommer wieder auf.

Trockenes Potpourri

- Mischen Sie alle ausreichend trockenen Zutaten und Blüten vorsichtig in einer Schale aus Glas oder glasiertem Steingut, damit empfindliche Blätter keinen Schaden nehmen.
- Tropfen Sie nach und nach ätherische Öle über diese Mischung.
- Füllen Sie die Mischung in eine große braune Papiertüte. Damit die Öle nicht durchsickern, wird sie zuvor mit gewachstem Papier ausgekleidet.
- Mit einer Wäscheklammer verschlossen reift die Mischung etwa zwei Wochen an einem trockenen, dunklen und kühlen Ort.
- Damit sich die Düfte der Kräuter, Gewürze und Öle durchmischen, wenden Sie jeden zweiten Tag mit einem Holzlöffel das Potpourri.
- Nach diesen zwei Wochen können Sie das Potpourri randvoll in ein schönes Gefäß füllen und den selbst kreierten Duft genießen.

TIPP **Bleiben Sie bei den ursprünglichen Ölen, wenn Sie den Duft eines Potpourris auffrischen wollen. Er hält umso länger, je kürzer Sie ihn der Luft aussetzen.**

Trockene Potpourris sind hübsch anzusehen und können in beliebigen, offenen Schüsseln aufgestellt werden. Ein feuchtes Potpourri hingegen ist nicht gerade eine Augenweide. So wunderbar es auch duftet, muss es verschlossen in einem Gefäß mit perforiertem Deckel aufbewahrt werden. Dafür gibt es spezielle Potpourrivasen, Porzellan- oder Steingutgefäße. Aber auch ein locker geflochtener Korb mit Deckel erfüllt seinen Zweck: Kleiden Sie den Boden vorher mit Aluminiumfolie aus. Wenn Sie das feuchte Potpourri offen hinstellen möchten, empfiehlt es sich die Oberfläche mit ganzen trockenen Blütenköpfen zu bedecken.

Feuchtes Potpourri selbst gemacht

Diese Methode besteht aus zwei Arbeitsschritten: Man vermischt zunächst getrocknete Blütenblätter mit Salz und lässt die Mischung fermentieren. Dann kommen Gewürze dazu und das Potpourri darf reifen.

Sie brauchen dazu

- einen innen glasierten Steinguttopf mit 5 Liter Inhalt mit großer Öffnung und Deckel
- einen Teller und einen schweren Gegenstand, die durch die Öffnung passen
- einen Holzlöffel mit langem Stiel
- etwa 1,5 kg Blätter und Blütenblätter: Lavendel, Rosen, Rosengeranium, Rosmarin, Veilchen, Zitronenmelisse, Zitronenstrauch
- 450 g grobkörniges, nicht jodiertes Speisesalz
- Gewürzmischung aus 15 g gemahlenem Zimt, 15 g gemahlener Muskatblüte, 15 g gemahlener Muskatnuss, 15 g geschnittener Zitronenschale, 55 g gemahlener Iriswurzel, 30 g gemahlenem Benzoe-Harz
- einige Tropfen Rosen- oder Rosengeraniumöl

Trocknen Stark duftende Blütenblätter nur soweit trocknen, dass sie sich weich und ledrig anfühlen (drei bis vier Tage). Dazu nebeneinander auf ein Fliegengitter oder eine Zeitung legen und an einem dunklen und luftigen Ort verwahren.

Schichten Füllen Sie den Topf zu ¾ Schicht für Schicht abwechselnd mit Blütenblättern und Salz, jeweils im Verhältnis 3:1. Sie können die Schichten noch Wochen später ergänzen. Dann kommt auf die Mischung ein tiefer Teller mit dem schweren Gewicht, das die Schichten zusammenpresst. Decken Sie den Topf ab, und stellen Sie ihn für ein, zwei Tage an einen trockenen Platz. Nun müssen Sie die Mischung täglich umrühren! Mit dem Löffel kratzen Sie alle Reste von den Topfwänden ab und unterheben diese. Es kann Schaum entstehen, den Sie einfach untermischen. Das tägliche Umrühren und Zusammenpressen geschieht so lange, bis eine teigartige kompakte Masse entstanden ist.

Für feuchte Potpourris wird eine Mischung frischer Blütenblätter nur leicht »angetrocknet«.

Vermischen Geben Sie die Masse aus dem Topf in eine Rührschüssel, zerkrümeln Sie sie und vermischen sie gut mit der vorher angesetzten Gewürzmischung.

Reifen Diese Duftmischung kommt zurück in den Steintopf und wird wieder möglichst fest zusammengepresst. Ein paar Tropfen ätherisches Öl verstärken den Duft. Bedecken Sie den Topf mit einem Musselintuch, das Sie mit einem Gummiband befestigen. Der Topf kommt für sechs Wochen an einen dunklen Ort, wo das Potpourri reifen kann.

Mit Düften bekämpfen

Bestechende Gelsenabwehr

Ein Drittel aller konventionellen Insektizide richtet sich gegen Gelsen. Dabei hilft im Freien neben langärmeliger, heller Kleidung auch der Einsatz ätherischer Öle. Anis, Eukalyptus, Lavendel, Melisse, Nelken, Pfefferminze, Zeder oder Zitrone wehren die Plagegeister sanft und effektvoll ab. Auch Petersilie, Thymian und Wermutblätter sind zu Diensten, ebenso wie Lorbeeröl, Niemöl und Zimtöl. Geraniol-Öl, das in Zitronengras vorkommt, soll am wirksamsten sein, aber auch die Katzenminze *(Nepeta cataria)* hat in Versuchen bis zu 80 % der Mücken vertrieben. Die Öle werden mit Körperlotion oder Körperöl im Verhältnis 1:4 gemischt und direkt auf die Haut aufgetragen.

VERDUFTE! Oft genügen starke Pflanzen-Düfte, um unliebsamen Insekten den Besuch auf Terrasse oder Balkon zu vermiesen. Tomaten-, Basilikum-, Rhizinuspflanzen und Zitronenmelisse etwa werden von Gelsen und Fliegen nachweislich gemieden. Ebenso vermag ein Walnussbaum Abhilfe zu schaffen und bereichert ihren Sitzplatz. Seine Blätter verströmen auch in der Vase einen für Insekten unangenehmen Duft.

TIPP **Grundsätzlich keine Zubereitungen mit ätherischen Ölen für Kleinkinder verwenden: Ihre Haut ist zu empfindlich!**

Natürlicher Insekten-Abwehrspray

Folgende ätherische Öle in 15 ml 40 % Alkohol verschütteln

- 10 Tropfen Katzenminze
- 10 Tropfen Eukalyptus
- 10 Topfen Lavendel
- 10 Tropfen Zitronengras
- 5 Tropfen Nelke
- Mit 90 ml destilliertem Wasser gut vermischen, aufsprühen.

Schutz für Lebensmittel

Lebensmittel-Motten sind eine wahre Plage in jeder Küche. Sie befallen meist Getreide und dessen Produkte und breiten sich schnell in sämtlichen Vorräten aus. Getreide wird in Leinen- oder Baumwollsäcken von ein paar Lorbeerblättern beschützt. Motten vertragen auch den Geruch von Lavendel, Nelken, Pfefferminze, Thuje oder Rainfarn *(Tanacetum vulgaris)*-Zweigen nicht. Geben Sie giftfreien Mitteln wie Fliegenklatschen, Pheromon-Leimfallen oder Ködern immer den Vorrang und verzichten Sie in jedem Fall auf Gifte, die auch Ihnen die Luft zum Atmen nehmen. Setzen Sie vorbeugend lieber auf Düfte.

Dufte Pflanzen für frische Wäsche

Die Eberraute *(Artemisia abrotanum)* ist in Bauerngärten selten geworden. Der Halbstrauch ist je nach Kleinklima sommer- oder halb wintergrün. Auf trockenen, steinig-lehmigen Böden und in geschützter Lage fühlt er sich wohl. Die bis 1,5 m hohe Artemisienart bildet bei häufigem Schnitt sehr schöne kompakte Büsche mit filigranem Laub aus, das je nach Sorte durchdringend nach Zitrone bzw. Kampfer duftet. Als Duftpflanze wurde Eberraute schon von den Römern verwendet. Weil sie mit ihrem intensiven Geruch Insekten abschreckt, legte man in Frankreich kleine Eberrautensträuße in die Schränke, und gab ihr den Namen »garderobe« (übertragen: die Wächterin der Kleidung).

Die unscheinbare Eberraute gilt als eine unbestechliche Wächterin über unsere Garderobe.

Lavendel Viel besser als Mottenkugeln, schützt auch der Duft des Lavendels ihre Kleidung. In Leinen- oder Mousselinebeutel genäht, vertreiben Lavendelblüten gemeinsam mit Blättern von Pfefferminze und Heiligenblume Motten aus den Wäscheschränken. Eine abschreckende, vorbeugende Wirkung haben all diese Pflanzen in dekorativen Duftsträußen, Tüchern mit einigen Tropfen Öl oder in stark duftenden Seifenstücken. Auffrischen können Sie Duftsäckchen durch gelegentliches Durchkneten und das Beträufeln mit etwas Öl.

TIPP **Auch Zedernholz und Wacholder *(Juniperus communis)* vertreiben Motten und andere Insekten.**

Pomander (Duftkugel)

Die Lebensgeister wecken können Sie mit dem herrlich würzigen Aroma der Pomander. In Kleiderkammern und Wäscheschränken aufgehängt, verleihen sie Ihrer Wäsche und Garderobe nicht nur einen himmlischen Duft, sie schützen auch vor ungeliebten Gästen.

Das brauchen Sie:

- kleine Äpfel oder Südfrüchte mit dünnen, festen Schalen
- eine dünne Stricknadel zum Spicken
- Gewürznelken mit großen Köpfen
- glasierte Steingutschüssel zum Einlegen
- Gewürzmischung:
  110 g gemahlener Zimt,
  60 g gemahlene Gewürznelken,
  15 g gemahlener Nelkenpfeffer,
  15 g gemahlene Muskatnuss,
  30 g gemahlene Iriswurzel

Spicken Sie die Früchte dicht mit Nelken, ohne dass die Fruchtschalen platzen; wollen Sie den Pomander an ein Band hängen, bleibt eine Laufspur dafür frei. Die Früchte werden zur Gänze in die Gewürzmischung eingelegt und täglich gewendet bis sie ganz hart geworden sind. Wenn die Gewürzkugeln nach Jahren ihren Duft einbüßen, tauchen Sie diese kurz in warmes Wasser, legen sie danach in die Gewürzmischung und decken sie mit Plastikfolie ab.

Genuss mit Duft

Entspannende Düfte

Um wirklich zuhause anzukommen gibt es Düfte, die Nervosität und Ärger sanft beruhigen, die wie warme Sonnenstrahlen innere Verspannungen lösen. Mit Lavendel *(Lavendula angustifolia)* etwa können Sie sanft dahinträumen. Seinen Duft umgibt eine besondere Aura: Er regt an, Sie atmen tiefer durch, gleichzeitig aber entspannt er und versetzt Sie in eine allgemein freundliche, angstfreie Stimmung. Der perfekte Schlafzimmerduft also, den Sie auf verschiedene Art und Weise zu sich nach Hause holen können: als ätherisches Öl, verdampft über eine Duftlampe, als getrocknete Blüten, abgefüllt in kleine Säckchen, als bezaubernde Lavendelsträußchen oder als Duftwasser, mit dem Sie nicht nur sich selbst, sondern auch Kissen und Decken besprühen können.

Zubereitung von Duftwässern

- 3 Tassen destilliertes Wasser in eine gut gereinigte Flasche gießen
- ¼ Tasse Wodka dazugeben (Medizinischer Alkohol ist nicht geeignet)
- 30 g getrocknete Kräuter oder Blütenblätter dazu geben, sodass sie völlig von der Flüssigkeit umgeben sind
- eventuell noch um 10 Tropfen ätherisches Öl ergänzen
- die geschlossene Flasche zum Reifen eine Woche an einen kühlen, dunklen Ort stellen

Lavendel-fläschchen binden

- Eine durch 4 teilbare Zahl an Lavendelstielen lang genug abschneiden und unter den Blüten fest mit Garn umknoten.
- Die Blüten mit einem langen Bändchen umwickeln und die Stiele in sieben 4-er Gruppen nach oben um die Blüten biegen.
- Das Bändchen durch die Büschel weben, bis die Blüten ummantelt sind.

Duftende Bäder

Besonders beim Baden wirken ätherische Öle wahre Wunder, wenn sie richtig eingesetzt werden. Weniger Duft ist immer mehr. Weil sie nicht wasserlöslich sind, brauchen ätherische Öle einen fettlöslichen Träger, wie beispielsweise Vollmilch. Ein halbes Glas genügt und Sie können das Gemisch ins fertige Badewasser einrühren. Auch Honig oder Kleie leisten als Träger ätherischer Öle gute Dienste.

Duftwässer können Sie auch zu Hause leicht herstellen – ihr feiner Duft verschönert jeden Raum.

Duftende Badezusätze können auf ganz persönliche Bedürfnisse abgestimmt werden.

Duftender Badezusatz

- ⅔ eines sauberen Marmeladenglases mit ungereinigtem Meersalz füllen
- 1–2 Esslöffel Jojoba-, Sesam- oder Mandelöl dazu mischen
- maximal 20 Tropfen ätherisches Öl je nach gewünschter Wirkung:

1. aufhellend und entspannend
- 4 Tropfen Fichtennadel
- 5 Tropfen Lemongras oder Mandarine
- 5 Tropfen Lavendel
- 6 Tropfen Zedernholz

2. erfrischend und belebend
- 5 Tropfen Myrte
- 5 Tropfen Grapefruit
- 4 Tropfen Rosmarin

3. entspannend und erwärmend
- 5 Tropfen Benzoe Siam
- 7 Tropfen Bergamotte
- 1 Tropfen Blütenöl
- 4 Tropfen Petit Grain

Haut und Haar

Haut und Haar sagen viel über unsere körperliche Verfassung aus. Besonders die Haut reagiert, eng mit unserem Nervensystem verbunden, sensibel auf unsere emotionale Verfassung. Auch das Haar nimmt eine nachlässige Lebensweise oft übel und lässt uns »im Stich«. Duftende, reine ätherische Öle, angewendet in der richtigen Rezeptur und mit Muße, helfen nicht nur Haut und Haar wieder auf die Beine. Sie tragen das Ihre dazu bei, zu Ruhe und Ausgeglichenheit zu gelangen.

Ringelblumensalbe hat eine entzündungshemmende Wirkung, die besonders bei schlecht heilenden Verletzungen Wunder wirkt.

- Möglichst viele Blütenblätter in 300 g Distelöl 4–5 Wochen in der Sonne ziehen lassen, danach filtern
- Im Wasserbad 230 g Lanolin schmelzen, Öl dazugeben
- 50 g Bienenwachs schmelzen, dazugeben
- In Tiegel abfüllen, kühl aufbewahren

Trockenes Haar bekämpfen Sie mit folgender Behandlung:

- 6 Tropfen ätherisches Öl (Kamille, Jasmin, Rosmarin oder Sandelholz) in je 10 ml Avocado- und Jojobaöl im Wasserbad erwärmen
- kreisförmig in Haar und Kopfhaut massieren
- nach 15 Minuten auswaschen
- danach Haare mit saurem Haarwasser spülen: je 2 Tropfen Rosmarin und Lavendel, 1 Tropfen Wacholder in 5 ml Apfelessig und 10 ml destilliertem Wasser auflösen

Gegen Schuppen hat folgendes Rezept eine reinigende und antiseptische Wirkung auf die Kopfhaut:

- 3 Tropfen ätherisches Öl (Lavendel, Mandarine, Rosmarin, Wacholder oder Zypresse) mit 10 ml Jojobaöl vermischen
- in die Kopfhaut einmassieren
- nach 15 Minuten auswaschen
- danach Haare mit Haarwasser aus 5 ml Essig, 10 ml Wasser und 3 Tropfen Rosmarinöl spülen

TIPP **Geschwollene Füße und Beine machen manchen Menschen bei steigenden Temperaturen zu schaffen. Schnell wieder auf die Beine kommen Sie mit einem Fußbad mit Ölen von Kampfer, Eukalyptus, Pfefferminze und Rosmarin.**

Rosmarin macht müde Beine munter.

Wohltuende Fußbäder

Je nach Bedürfnis entscheiden Sie zwischen wärmender und kühlender Variante.

Wärmendes Fußbad

- 2 Tropfen Lavendelöl
- mit ¼ l kochendem Wasser übergießen
- nach 10 min den Sud ins Fußbad gießen und genießen

Kühlendes Fußbad

- 2 Tropfen Pfefferminzöl
- mit ¼ kühlem Wasser aufgießen und ins Fußbad gießen
- ins knöcheltiefe Fußbad gelegte glatte Steine entspannen zusätzlich

Der richtige Riecher?

Der »Sinneserfahrung Duft« sind wir hilflos ausgesetzt. Düfte können uns somit leicht an der Nase herumführen. Die Betörung der Sinne kommt deshalb auch immer mehr im Geschäftsleben in Mode: Nichts wird hier dem Zufall überlassen.

Stressmindernde Düfte In Japan stellen Firmen ihren Mitarbeitern bei Bedarf die Atmosphäre wohlriechender Düfte zu Verfügung. Über die Klimaanlage wird Wohlgeruch im Büro verbreitet. Mit Hilfe von Zitronenduft herrscht zukünftig mehr Arbeitseifer. Jasmin und Lavendel hingegen setzen beruhigende Effekte und kündigt die frohe Botschaft des Feierabends an. Auch Top-Manager in den USA lassen sich in der Mittagspause mit Stress reduzierenden Ölen verwöhnen. Psychologen haben Studenten bei Aufgaben, die lang anhaltende Aufmerksamkeit erfordern, in regelmäßigen Abständen mit Pfefferminz- oder Lilienduft beduftet und den Notendurchschnitt damit positiv beeinflusst.

Mehr Umsatz Mit fraglichen Methoden sollen Psychoparfüms Kunden zum Kauf verführen. Laut einer Untersuchung der Universität Utrecht an über 3000 Verbrauchern verweilen Kunden in bedufteten Kaufhäusern länger und kaufen großzügiger ein als in nicht parfümierten Geschäften. Auch Restaurants machen im Nebel appetitanregender Aromastoffe mehr Umsatz und dank Klimaanlage spürt man im Geschäft für Segelzubehör die frische Meeresbrise förmlich vor sich. Nicht umsonst findet sich auch die Parfümabteilung fast immer im Eingangsbereich der Kaufhäuser.

An der Nase herumgeführt
Moderne Technologien machen es bereits heute möglich, den Geruchssinn zunehmend in Raum-, Marketing- oder medizinische Konzepte einzubinden. Wach werden Sie mit Sie einer Prise Pfefferminze! Zum Abschalten genügt ein Hauch Vanille! Deshalb werden heute auch zunehmend Düfte im medizinischen Bereich eingesetzt. Schokoladen- und Aprikosendüfte sollen bei Depressionen zum Einsatz kommen. Aroma auf Erdbeerbasis, soll helfen Angst und Unruhe zu mindern – Die positive Wirkung einiger ätherischer Duftöle gewinnt in der ganzheitlichen Medizin zunehmend an Bedeutung und kommt in Aromatherapien zum Einsatz.

Noch sind wir vom alles kontrollierenden Dufteinsatz weit entfernt. Da die Möglichkeiten der Manipulation mit Düften aber ungeheuer vielfältig sind, steigen die Umsätze der Riechstoffkonzerne beharrlich. Wir werden es hoffentlich riechen können, was auf uns zukommt. Doch egal wie intensiv auch geforscht, analysiert und versucht wird die geheime Macht der Düfte in bare Münze zu verwandeln: Es wird wohl niemals gelingen, den Geruchssinn, der von der Vernunft her kaum kontrollierbar ist, ganz zu bändigen.

Infos & Adressen

Gärtnereien

Liebevoll gestaltete Duftlandschaften reizen den Besucher, dem Alltag zu entfliehen und in eine Welt einzutauchen, die er mit allen Sinnen genießen kann. Machen Sie sich auf die Entdeckungsreise in Saatgutkataloge, botanische Gärten in aller Welt oder in die Gärtnereien Ihres Vertrauens.

Kräutergärtnerei Martin Ruzicka
Friedhofstraße 67
A-2103 Langenzersdorf
Tel: +43 (0)2244/4404
Fax: +43 (0)2244/4001
www.gaertnerei-ruzicka.at

Kräutergärtnerei Bach Hinker
Contiweg 165
A-1220 Wien Hirschstetten
Tel./Fax: +43 (0)1 2809534
info@gaertnerei-bach.at

Arche Noah
Obere Straße 40
A-3553 Schloss Schiltern
Tel.: +43 (0)2734 8626
(Telefondienst: Di 8-16, Mi-Fr 8-12 Uhr)
Fax: +43 (0)2734 8627
info@arche-noah.at
www.arche-noah.at

Kittenberger Erlebnisgärten
Laabergstraße 15
A-3553 Schiltern/Langenlois
Tel.: +43 (0)2734 8228 0
Fax: +43 (0)2734 8228 20
office@kittenberger.at
www.kittenberger.at

Seerosengärtnerei Kern
Einödhofweg 20
A-8042 Graz
Tel.: +43 (0)316 461651
Fax: +43 (0)316 464071
biotop-kern@netway.at

Kräuter- und Staudengärtnerei Mann
Schönbacher Straße 25
D-02708 Lawalde
Tel./Fax: +49 (0)3585 403738
info@plantasia.de
http://www.plantasia.de

Kräutergärtnerei des Bioland-Hofes Hasbach
Westscheider Straße 11
D-24860 Klappholz
Tel.: +49 (0)4603 964666
Fax: +49 (0)4603 1647

Kräuterei Bioland
Alexanderstr.29
D-26121 Oldenburg
Tel./Fax: +49 (0)441 882368
kraeuterei@t-online.de

Kräutergärtnerei Syringa
Bachstraße 7 (nur Büroanschrift)
D-78247 Hilzingen-Binningen
Tel.: +49 (0)7739 1452
Fax: +49 (0)7739 677
info@syringa-samen.de
www.syringa-samen.de

Staudengärtnerei Gaissmayer
Jungviehweide 3
D-89257 Illertissen
Tel.: +49 (0)7303 7258
Fax: +49 (0)7303 42181
info@staudengaissmayer.de
http://www.gaissmayer.de/index/seiten/duftpflanzen/tulpen.htm

Duftoasen

Viele Parfümerien und Drogerieketten bieten synthetische Duftwässerchen an. Pure Düfte, auf Basis natürlicher Blumenessenzen, gibt es auch in vielen Bioläden.

Duft & Kultur
Tuchlauben 17
A-1010 Wien
Tel.: +43 (0)1 5323960

Drogerie Semiramis
Lerchenfelderstrasse 6
A-1080 Wien
Tel./Fax: +43 (0)1 4069071
office@cousinerose.at
http://www.cousinerose.at

Räucherstoffe Sonnlicht
Karin Luger
Hochstraß 3
A-4723 Natternbach
raeucherstoffe@gmx.at

Persönliche Parfüms

Er kreierte mit 13 Jahren sein erstes Parfum. Mit 17 Jahren komponierte er Düfte namhafter Parfumkonzerne. 1997 expandierte er nach Europa:

Yogesh Kumar
Kirchengasse 24
A-1070 Wien
Tel.: +43 (0)699 19432594
Fax: +43 (0)1 9432594
office@dasparfum.com
http://www.dasparfum.com/

Literatur

Malle, Bettina/Schmickl, Helge: Ätherische Öle selbst herstellen. Verlag Die Werkstatt, Göttingen, 2005

Maxwell-Hudson, Clare: Aromatherapie-Massage. Mosaik Verlag, München, 1995

Ohloff, Günther: Riechstoffe und Geruchssinn. Die molekulare Welt der Düfte. Springer-Verlag, Heidelberg, 1990

Ohloff, Günther: Irdische Düfte, himmlische Lust. Eine Kulturgeschichte der Duftstoffe. Birkhäuser Verlag, Basel, 1997

Ohrbach, Barbara Milo/Cloutier, Anne Marie: Kräuter und Blumendüfte im Haus. Vom Lavendel zum duftenden Rosenblatt. Du Mont Buchverlag, Köln, 1988

Partei, Renate: Ungebetene Gäste. Vom Leben mit Ameisen, Motten und anderen Lästlingen in Haus und Wohnung. Hrsg.: »die umweltberatung« Verband österr. Umweltberatungsstellen, Wien, 2000

Preuschoff, Gisela: Sinfonie der Düfte. Aromatherapie für Frauen. Ehrenwirth Verlag, München, 1993

Seitz, Paul: Duftpflanzen anbauen und verwenden. Franckh-Kosmos Verlag, Stuttgart, 1992

Süskind, Patrick: Das Parfüm – Die Geschichte eines Mörders. Diogenes Verlag, Zürich, 1994

Wiegele, Miriam: Der Kräutergarten auf Balkon und Terrasse. Ulmer Eugen Verlag, Stuttgart, 2000

Internetlinks

Duftkino und Co:
www.ruetz.de

Einsatz von Duftstoffen im Multimediabereich:
Röder, Guido: Diplomarbeit Hochschule für Technik, Wirtschaft und Kultur Leipzig
www.labc.de/literatur/pdf/DEREINSA.PDF

Gernot Katzers Gewürzseiten:
www.uni-graz.at/~katzer/germ/index.html

Geschichte der Parfumherstellung:
www.zum.de/wettbewerbe/unterricht_innovativ/projekte2004/nickel/parfum.ppt

Pflanzengeschichten:
www.sagen.at/doku/zauberpflanzen/inhalt_zauberpflanzen.html

Welt der Düfte (Script zur WDR-Sendereihe »Quarks & Co«):
http://www.quarks.de/duefte/duefte.pdf

IMPRESSUM

Die Deutsche Bibliothek – CIP-Einheitsaufnahme
Die Deutsche Bibliothek verzeichnet diese Publikation in der Deutschen Nationalbibliografie; detaillierte bibliografische Daten sind im Internet über http://dnb.ddb.de abrufbar.

PROJEKTLEITUNG: Brigitte Millan-Ruiz, Bisamberg
UMSCHLAG: Ravenstein + Partner, Verden
SATZ UND BILDREPRODUKTION: Hantsch & Jesch PrePress Services OEG, Leopoldsdorf bei Wien
ILLUSTRATIONEN: Monika Biermaier, Untertullnerbach

DRUCK UND BINDUNG: Westermann Druck, Zwickau
Printed in Germany

ISBN: 978-3-7040-2208-0

Bildquellen

Umschlag: Thinschmidt A., Böswirth D.
Inhalt:
Beneš -Oeller, Margit alle außer:
Andress, Simone, Seiten 64, 68, 75 (2 Stück)
Thinschmidt A., Böswirth D. (www.gartenfoto.at) Seiten 32, 71
Internationales Blumenzwiebelzentrum, Seite 14

Zitat auf S. 6 entnommen: Schott, Christiane: Rubens kommt auch. DIE ZEIT, 13. 5. 2004, Nr.21
Zitat auf S. 38 entnommen: Michels, Volker: »Möglichst weit weg von Berlin!« Hermann Hesse am Bodensee. Vortrag gehalten am 22.7.1995 im Hermann Hesse-Höri-Museum, Gaienhofen.